把最好的自己给孩子

给孩子

影响数百万家庭的亲子教育智慧

树妈
马瑞 著

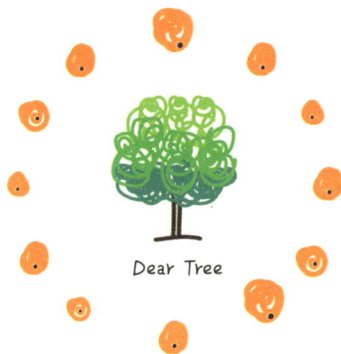

Dear Tree

长江出版传媒 | 长江文艺出版社

北京长汀新世纪文化传媒有限公司
www.cjxinshiji.com
出品

PART 1

PIC

1

小树出生第一年，一切都是新的。

崭新的生命，新奇的经验，还有"妈妈"，这个新鲜的称呼。我一次又一次地被称作"树妈"，没有人再叫我的本名。

直到有一天，我也自称为"树妈"。

我每天看的想的、聊的听的，朋友圈里晒的，工作坊里学习的，全都是跟孩子相关的。一个失去我就会死掉的小生命，要吃、要喝、要健康、要学习、成长，而我懂得的，是那么少。

原来世界上，还有如此之众的知识我一无所知。人生前 38 年的积淀仿佛全部清零。

我作为一个新妈妈，和小树作为一个新生命一样，一片空白。

我作为一个新妈妈，在面对困难时和小树作为一个新生命一样，也只会哇哇大哭。

小树一晚上哭醒七次，我哭过。

小树掉下床，我哭过。

小树积食不吃饭，我哭过。

小树生病，我觉得天都塌了，号啕大哭。

但是随着小树越来越大，我的笑容也越来越多了。

最幸福的，就是我们相视而笑的时刻。

笑容在我们脸上相互映照，正如爱在流转。

看着他的眼睛，从大大圆圆，笑成细细弯弯。

能感觉到全身一寸一寸的被幸福渐次充满，荡漾开来的酥麻。那是带着心疼的幸福。

PIC

3

这一年，小树吃的每一口奶，都直接吸吮自我的乳房。小树睡的每一晚觉，都是在我的身边。

我没睡过一个整觉，没离开家超过四个小时。

这真是一座监狱，一座甜蜜的、心甘情愿被囚禁的监狱。

一个崭新的生命，丰富了人生，让我们体会到前所未有的浓烈滋味。所以我从来不认为，"母爱"是无私的。我也从来不认为，"母爱"是单纯的奉献。但同时，也没有人能抹煞母爱的伟大。

那些在孩子生病时撕心裂肺的夜晚；

那些要照顾孩子失去自由的白天；

那些为了照顾孩子而时断时续，直到凉透了，才有时间吃完的饭；

那些因为给孩子添了一件玩具，而默默删掉购物车里的新裙子的时刻……

没有人喝彩，没有人表扬。甚至，没有人知道。但是，每个妈妈都懂。

PIC

5

有很多不认识的妈妈加了我的微信，我从来不当她们是陌生人。每一个妈妈，仅仅因为这个称呼就已经有了共同的千言万语。不需要沟通，什么都懂。

感谢小树。这一年，我经历了天翻地覆的情感体验。

跟着孩子的脚步重新体验这个世界，用孩子的眼光重新看待这个世界，是身为父母最美好的经历。

身为一名心理咨询师，深知家庭对孩子的影响巨大。所以谨言慎行如履薄冰。

终于有一天，我意识到，也许我自己有很多的缺点，但是积极地学习，持续终身地自我成长，是我能带给小树的最好的教育和榜样。这胜过所有的绘本、拼图和玩具。

也许妈妈不是最好的，但是妈妈从未停止努力。

首先成为更好的自己，随之成为更好的妈妈。

最近，我经常看着小树，感慨他的幸福。

我们没有房子留给他，也没有可以继承的事业。

但是他拥有丰沛的爱、和谐的关系，还有不断自我成长的爸爸妈妈。这是多么珍贵的财富。

那一刻，我终于知道，当一个妈妈对自己满意到，可以替未来的孩子觉得"拥有这样的妈妈好幸运"的时候，就是"最适合成为妈妈的时间"。

①	
②	③

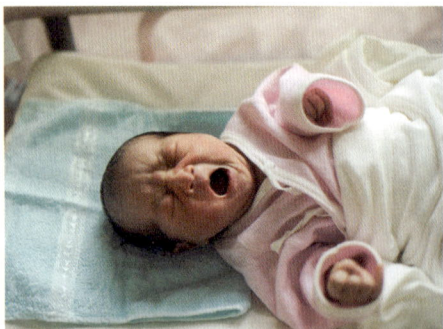

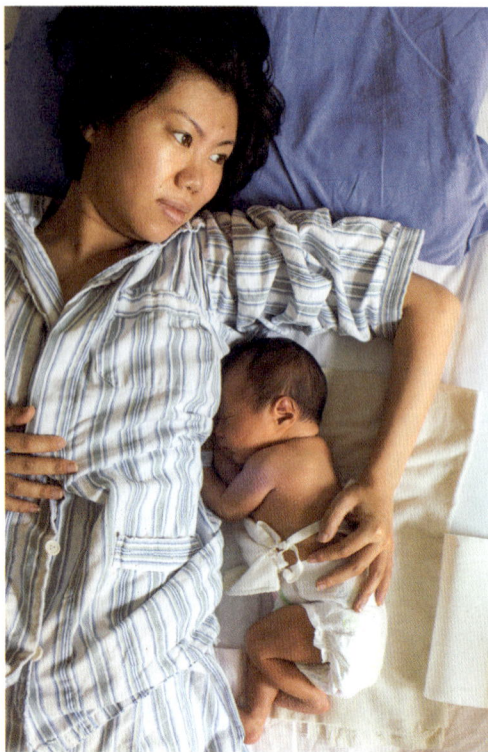

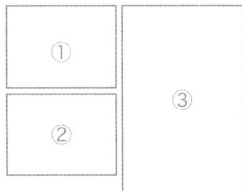

① 2014 年 5 月 26 日，一声啼哭，万般感慨，小树来到这个世界，而我成为"妈妈"。

②手术后没用止痛泵的我度过了漫长无眠的一夜。第二天，手术 24 小时后必须下床，双脚着地的一瞬间疼得泪流满面。

③当小树蜷缩在我的臂弯安然入眠，这份与生俱来的缘分，正以它独有的温暖为我驱散疼痛。

我第一次体会到，妈妈的怀抱是最安全的地方。

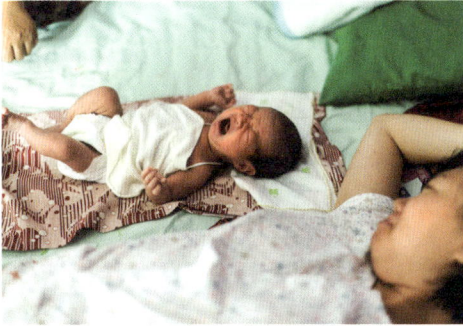

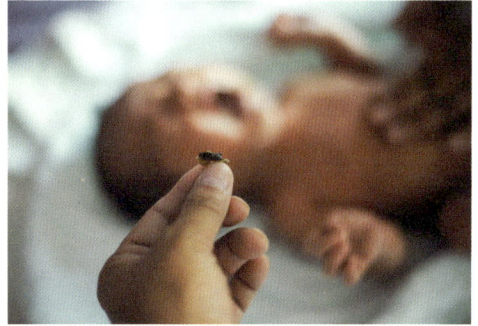

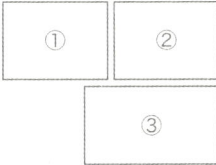

①每次听到小树号啕大哭，我都非常焦虑。我想自己也许生了一个问题宝宝。那种担心几乎把我吞噬掉。

②第9天，小树的脐带掉了，和妈妈之间最后一丝联结的痕迹也脱落了。可是妈妈的心永远和他连在一起，即使他现在什么都不知道。

③新手妈妈总是从饭桌上、马桶上、书桌上……各个地点，被拽到床上喂奶。

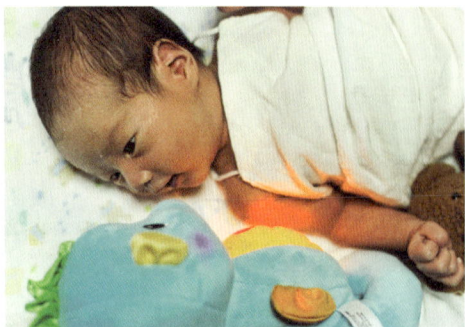

①	②
③	④

①第 13 天，小树交到第一个朋友。

②第 18 天，小树第一次探险。小树地球探险生涯是从楼下小区开始的。

③第 35 天，小树第一次检查身体。

④第 92 天，我第一次带小树去买菜。

新妈妈的感想是，所谓母爱，其深度、广度、盲目度、执着度，理智丧失度，近乎疯癫。

| ① | ② |
| ③ | ④ |

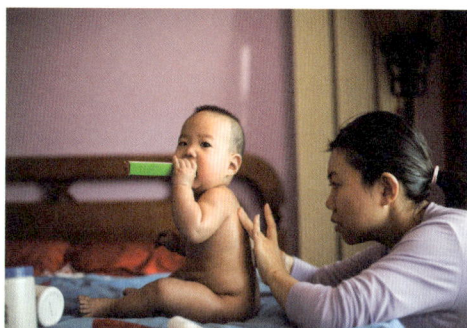

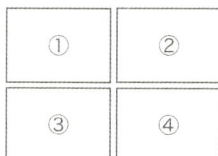

①第 100 天，小树的体重和这个西瓜一样了。一百天，是人生的一小步，是小树的一大步。

②第 137 天，小树人生中第一个秋天。我带他回到爸爸妈妈的结婚场地。小树第一次来的时候，还在妈妈的肚子里。

③第 197 天，小树得了湿疹，每天要搽很多药，还要吃中药，这是他第一次品尝到人生之"苦"。

④第 205 天，小树第一次踩到沙滩所收获的震撼，就像人类第一次踏上月球。

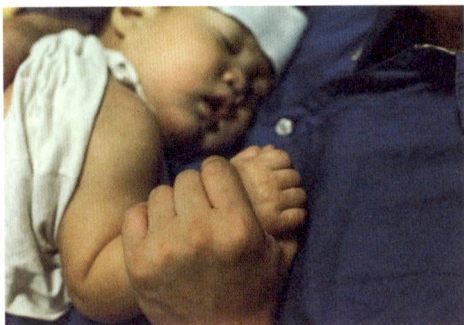

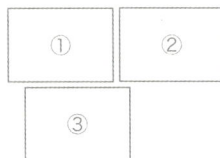

①第 255 天, 小树第一次发烧, 树爸抱着睡了一夜。树爸树妈终于经历了孩子从逗人笑的小可爱, 变成虐人心的小可怜的崩溃过程。

我度过暗无天日的两个礼拜。灌药、抱睡、四处求医……妈妈的心是玻璃做的, 妈妈的心也是钢铁做的。

②第 275 天, 第一次喂小树吃肉。此外, 每天两顿辅食, 都是妈妈亲手做的。

③第 323 天, 小树第一次爬楼梯, 30 厘米的楼梯, 小树学着我的样子试了一次, 就这样顽强地爬了上来。

第 344 天，母亲节。这个日子，终于成为我的节日。虽然小树还不懂得给我过节，但我收到了他在树爸引导下送上的第一朵花。

自从当了妈妈以后，更明白"鬼迷心窍"的含义。当初为爱情痴迷时，时间长度、持续程度、目标对象，都是阶段性的，是不断变化的。而母爱的"鬼迷心窍"，是终身的，整体的，目标确定的。

第 365 天，小树一周岁生日，我亲手为他做了王冠和小树蛋糕。

小树在这年的每一天，都是在妈妈的身边度过，吮吸妈妈的乳房，在妈妈怀里入睡……

我们能给小树的最好的礼物，是会跟他一起成长，不断成为更好的自己，给他很多很多的爱。🌳

送给孩子最好的礼物

Stephen Emmons
P.E.T.父母效能训练全球督导 | 美国戈登国际一系列培训课程资深大师

如果你有孩子，你会明白成为父母是一件困难而充满挑战的事情。

同时，你也会明白，成为父母是世界上最重要，也最值得去做的一份工作。

毕竟，未来的某一天，世界也许会因为我们的孩子而改变。

"父母效能训练（P.E.T.）"「注」可以说是如今所有教育法培训的鼻祖。这种方法已经创建了超过五十年，这些

P.E.T.全称Parent Effectiveness Training，中文翻译是"父母效能训练"。这是美国心理学家、前美国白宫儿童顾问、连续三次获诺贝尔和平奖提名，被誉为"沟通之父"的托马斯·戈登博士在1962年创建，并推出的一套简单、实用的父母训练课程，它让接受训练的父母掌握的主要核心概念和基本技巧是，通过清楚地界定问题、积极地倾听、完整地表达，以及在"没有输方"的前提下化解矛盾的方法，以培养孩子的自觉成长能力。父母也会在这其中获得自我的心灵成长，从而实现家庭关系的和睦。

年来我们一直专注于成为所有家长教育孩子的"后盾"，为他们提供清晰、有效的建议，能让所有家长都能胜任"父母"这个最重要的角色。

马瑞是 P.E.T. 美国总部认证的训练师，她是一个十分有经验的教育者。在《把最好的自己给孩子》这本书里，她用近三十篇关于父母效能训练的指导文章，对她的育儿经验和智慧做了总结，想以此与大家分享：成为一位好父母最重要的条件，就是你自身的成长。

只有当你成为一个身心健康、能直面自己需求的人，才能够帮助你的孩子明白自己想要什么，想成为一个怎样的人。

在父母效能训练的课程里，我曾经和中国的父母一起工作过。他们尽一切可能想要帮助孩子在人生中比其他人占有更多优势的举动，让我印象深刻。

这些父母希望孩子在学校取得好成绩，未来也能在工作上取得成就，还希望孩子成为一个健康、快乐、成功的人。在孩子的孩童时代，这些家长一直与如何解决在育儿过程中遇到的挑战和问题作斗争。

而这本书里的文章能够让你轻松获得父母效能训练的简单概念，以及其中育儿的技巧，还能够给你面对和解决育儿问题的灵感。看完这本书，你也许会明白，一切的困难只是成为父母的必经之路。

Steve Emmons

ONE OF THE BEST GIFTS
YOU CAN GIVE TO YOUR CHILD IS

Stephen Emmons
International Master Trainer | Gordon Training International

If you have children, you know that being a parent can be challenging and hard work.

You also know that being a parent can also be the most important and rewarding job you will ever have.

The future of or world will rest in the hands of our children one day.

Parent Effectiveness Training (P.E.T.) , the grandparent of parenting programs, was created over 50 years ago to support parents and give them clear information and concrete, usable tools to succeed in this most important of roles.

Mary is an experienced P.E.T. instructor who has written over 30 magazine articles about Parent Effectiveness Training.

Now she has compiled these into this book. Give the Best of Yourself to Your Child, requires that first and foremost, you take care of yourself.

Being physically and emotionally healthy and being able to meet your needs will make it possible for you to help your child or children meet their needs.

I have worked with Chinese parents in P.E.T courses and I am impressed with their strong commitment to helping their children have the best advantages in life.

They want them to do well in school and in the job market in the future. They want them to be healthy, happy and successful and yet they struggle with how to deal with the challenges and problems that they experience during their children's development.

This collection of articles will provide you with a snapshot of the concepts and skills found in P.E.T. as well as inspiration for facing and solving the problems and overcoming the difficulties that are part of the process of being a parent.

Steve Emmons

一个真正活出自己的人
不可能当不好父母

安 心
美国P.E.T.父母效能训练课程唯一中国督导 | 深圳安心工作室创始人

作为一名P.E.T.的督导，我有一个习惯，喜欢去观察讲师们的状态，或说去感受他们自身的能量状态，以便知道我可以在哪些方面给予支持和回馈，这也是P.E.T.督导要做的事情之一。

当我的目光投向马瑞时，常常被她标志性的笑容所感染。她的笑，可以的话，我想用两个字来形容，那就是"奔放"，就像突然绽放的花朵一样，幸福满溢。

P.E.T.讲师们，不少是自带光环的，很显然，马瑞就是其中一位。在她成为P.E.T.讲师前，她就已经出版有《分手笑忘书》和《最好的告别是将你遗忘在路上》。这两本书被坊间称为失恋圣经。

她的经历，让我联想到屡创欧美歌坛新纪录的英国歌手 Adele，一个是将失恋的经历化为一首红遍全球的歌词，一个是将疗愈情伤的过程写成书。而后在她们的作品里，经历凤凰涅槃的过程，重获新生。

有人说，爱情的萌芽是智慧的结束，是否这样我们不得而知。但是，失恋确实可以让人活出人生的新高度来。看着马瑞的笑容，我想她一定会在午夜醒来，感谢前任的不娶之恩。

因为正是那个不娶，让马瑞走上了一条探索自身和疗愈自我的路，让她的生命有了更辽阔的深度、宽度和广度。让她拥有了今天的幸福，与先生琴瑟和鸣，并且走向人生的另一旅程，从一名文艺女青年变成了今天的文艺女亲娘。

美国的身心灵成长大师伊丽莎白·莱瑟说，你若想破碎重生，若想追求更高层次的凤凰涅槃过程，我会建议你抚养孩子。她说，为人父母是一趟永无止境的旅程，航行在忧心与爱的宽广大河上。而马瑞是幸运的，因为她的这趟旅程里遇上了 P.E.T.，这门极具人本主义色彩，被很多人称为"育儿界的终极秘籍"的亲子沟通学说，而使得她更多时候是航行在爱的宽广河流上，鲜少忧心。

这不，带着新旅程的心得体会，她又来了。这回她将与你道尽家长里短，从育儿的方方面面与你分享 P.E.T. 这门育儿秘典的使用，以及如何在育儿的过程中成长自己。她的文字生动活泼、幽默风趣，读来毫不费力，却会让你深受启发。

我常说，其实我们不用去思考太多如何做好父母这个角色，而是去想想如何成为自己，活出来自己。一个真正活出自己的人，一个真正心智成熟的人，不可能当不好父母。

　　所以，很开心来跟大家推荐马瑞的这本书《把最好的自己给孩子》。愿天下的父母们都能先活出自己，这样我们才有机会把最好的自己给到孩子。

目录

CHAPTER 1

感谢孩子，让我成为母亲

最近要忙疯了，吃饭都没时间嚼。

亲子教育的书要截稿，父母培训的课要开始。儿童沙箱、工作坊、微信分享、教育沙龙的工作，还想看几本书，听几个讲座……

虽然这么多事，可都只算是见缝插的针，锦上添的花。我的人生第一要务，还是"服侍小少爷"。

每天做三顿饭，陪吃饭，两次哄睡，一次洗澡，多次洗手、洗脸、洗屁股，大段时间陪玩、陪看书，还要不定时提供水果零食……

"我真是太心疼时间了！"

吃饭的时候，我一边看着小树用笨笨的小手慢悠悠地追着几粒芝麻在碗里跑，总是拿不上来，一边跟对面的老公抱怨说："要是不用陪这个熊孩子，我这一个小时已经写出好几千字来了！时间都被浪费了！"

"要是不用陪这个熊孩子，你根本没得写！"老公看着终于拿起一颗芝麻的小树，微笑着跟我说。

是啊！

我所有关于育儿的感悟，带来这些感悟的思考，引发这些思考的学习，导致这些学习的原因，都是他——亲爱的小树。

因为有了孩子
我才得以通过他的眼睛，重新看待这个世界

跟他的小手一起，重新探索这个世界，让我有机会更深地领会到，自己为什么站在现在这里；清晰地去思考，自己未来究竟要去向哪里。

是小树的到来，一步步引领着我触摸到更深的内心、更广的领域。是我跟随着小树的步伐成长，而不是他跟随着我。

当我们本能地去威胁和惩罚孩子，我们看到的是自己童年时被对待的方式；

当我们控制不住自己的情绪对孩子发脾气，我们看到的是自己内心的焦虑；

当我们逼着孩子去实现我们而不是他们自己的理想，我们看到的是自己深层的恐惧；

当我们目睹孩子没有外界的帮助，反而能独立找到有创意的方法解决问题，我们看到的是自己的狭隘；

每一次通过孩子，我们都能更了解自己一点点。

但是在刚开始的时候，我们总是以为，是孩子的"错"。

后来慢慢发现，那都是自己隐藏的未被满足的需要。

孩子是一面镜子，让我们能照到自己的内心，分毫毕现。

孩子是一扇门，让我们得以见到更美的风景，走上成长之路，来到离智慧越来越近的地方。

孩子是天使，带来爱，带来人生最饱满的体验。

没生过孩子的人，不足以语人生。

没做过母亲的人，不会真的懂生活。

本来，我们都以为母爱是伟大的，是妈妈带给孩子幸福、快乐。其实，那只是孩子应得的回报。

是孩子先带给我们爱和幸福，无条件的爱和幸福。

无论妈妈长得好不好看，妈妈会不会跟邻居打招呼，妈妈玩完玩具有没有收起来，妈妈几点上床睡觉，妈妈是不是每天都去上班，妈妈吃不吃水果和蔬菜，妈妈生气的时候有没有发脾气，妈妈每天看电视的时间有没有超过一个小时，妈妈工作成绩好不好……孩子都是一样的爱妈妈。

而我们呢？

每个因为孩子得到成长的妈妈，都会发自内心地感谢我们的宝宝。他们投奔我们而来的时候，看起来赤手空拳，什么都没带，但是他们带着爱。

他们就是爱本身。

而我，也因为孩子收获、懂得了很多。

孩子让我感受到被需要的幸福

我怀孕的时候，最担心有了孩子之后的事情，不是身材、钱财、孩子不孝，最害怕的，就是人生从此多了一份永远刻骨铭心的牵挂。

那种爱和牵挂，有时候会让人很痛很痛。我希望自由、轻松，怕自己的喜怒哀乐被别人牵动，而自己又无能为力。

当妈之后发现，果然如此。

孩子第一次生病的时候，即使只是发烧，可是我在黑夜里觉得天永远不会再亮了。我恨自己无能为力，我恨这病不是生在自己身上。

孩子没断奶的时候，我哪里也不能去，活动以三小时为限，所有出游、出差一律取消。我烦这个小累赘，没有奶吃就"哇哇"地哭个不停，不肯睡觉。

我以为自己想要的是"无牵无挂"，后来发现，其实真正没有牵挂的人生不值得过。

照顾孩子真的很麻烦，也很辛苦。但是每当我看着孩子在自己的怀里安睡，随着他的呼吸起伏，感受他身体的温度，欣赏他长长的睫毛，我感受到了一种被需要的幸福感。那是只有被孩子抱着大腿，奶声奶气地仰着头说"妈妈抱抱"的人才会懂得的幸福。

不被任何一个人需要的人，是没有力量活在这个世界上的。而被需要的人越多，程度越深，我们也就越能找到自己的价值感。

做妈妈，从来不是一件苦差事，是拉着孩子的手，相互温暖。感谢孩子，让我们感受到浓浓的依赖和幸福（当然，我们不能因为迷恋这种感觉，在孩子长大之后也不肯放手）。

因为孩子，我更了解因果循环

孩子让我成长，成为更好的自己。

我每次看着小树天真、顽皮的样子，就像看着小时候的自己。

其实我们每个人小的时候，都是一样的。好奇、单纯、爱笑、爱哭、真诚、热情、永不疲倦、轻松快乐。

我们到底是如何变成现在的自己的？

这个不再好奇，追求复杂，哭了之后很久都笑不出来，笑的时候很难淋漓尽致的现在的样子？

我们经历了些什么，我们又是如何被改变的？

我跟着孩子重新活了一遍，得以看到发生在每个人身上的那些因果，一代又一代的轮回。这是对人生最深刻的体验。

看见，就是改变的开始。

由此我得以有机会，让生活发生更多的改变。由此我知道，究竟什么是命运，如何改变命运。

命运不是算命先生的预言，也不是生辰八字。

我们小的时候，命运是妈妈和家。

长大了之后，命运是自己。

正因为有了这种感受，孩子让我成长，成为更好的自己。

是孩子，激发出我从未想过的潜能

没有孩子的时候，我是个刀划破手指都会腿软的人。

我根本想不到自己可以在被切开七层皮肤组织、伤口十几厘米长的第二天，就能捂着肚子下床走路，抱起孩子喂奶。

我现在也想不到，但是我的确做到了。

现在的我，看到刀划破手指还是会腿软。

但是我知道，只要孩子需要，我能随时成为一个钢铁女战士。

没有孩子的时候，我是个不会做饭的人。

用我妈和我老公的话说："哪有不会，只有不肯。"

其实我是懒。哪怕是为自己做饭，都懒得做。

但是孩子，专治懒病。

现在我一个人带孩子的时候，能手脚麻利地给自己和孩子做三顿饭外加收拾、洗碗。我，平时还是不做饭。

但是我知道，只要孩子需要，我能随时成为一个女厨师+小时工+育儿嫂。

看起来我还跟以前一样，但是我知道，和以前天壤之别。

孩子是催化剂，激发出我从未想过的潜能。

孩子是榨汁机，挤出我有待发掘的本事。

是孩子，让我更敏感、幸福指数更高

当然，生活不仅仅是柴米油盐，还有诗意和远方。

但是真正的生活，并不是带着诗意身处远方，而是在琐碎庸常的日子中，品出诗意。

在埋首尿不湿、辅食的时候，保有身处远方的意境。

左手风花雪月，右手柴米油盐。

在柴米油盐中嗅出风花雪月，在风花雪月中坦然柴米油盐。

看着孩子在自己的怀里安睡，随着他的呼吸起伏，感受他身体的温度，欣赏他长长的睫毛。那一刻，就是幸福。

幸福变得离我们很近，不再需要物质的代价，而是触手可及，一个微笑，一声呼唤，随时让我们坠入无底的幸福的深渊。

是孩子拓宽了我的生活，让我变得更丰富立体

生孩子之前，我是文艺女青年，我的生活是"风花雪月诗酒茶"的茶。生孩子之后，我是文艺女亲娘。我才知道，这个茶也可以是"柴米油盐酱醋茶"的茶。

我才知道这个世界上有产房、手术台、早教中心、绘本馆、宜家儿童区……的存在。

我才得以和那么多以前从来没有想过会发生交集的人相遇，成为朋友或者伙伴。

我的世界变大了，我的朋友变多了。

我的心变大了，我能接受的事变多了。

我在人生这个游乐场，玩到的项目更多了。

是孩子拓宽了我的生活，让我变得更丰富立体。

是孩子，让我找回了童心

让孩子快乐非常容易。他们会因为一块饼干，一个鬼脸。一句重复了很多遍的玩笑，一次对方都知道藏身之地的捉迷藏游戏，露出全身心的笑容。

这样充满整个身体和生命的，全然沉浸在当下的喜悦，会感动每一个看到的人。

法国哲学家帕斯卡尔说："智慧把我们带回到童年。"

越学习就越感慨，其实所谓成长，是减少的过程，而非增加。

当我们把所有的障碍都清除，回复到纯净的孩童之心，我们就能体会到越来越多，越来越强烈的喜悦。

其实，喜悦本来具足在我们心里，只是被覆盖了。

而孩子足够干净，所以能够轻易接近它。

一个朋友跟我说，她四岁的孩子在秋天的时候，总是喜欢在院子里自己站着。有一天，他说："妈妈，最近院子里的喜鹊不常来了。因为树上的柿子都掉光了。"

那一刻，她非常的感动。

她说，我每天在小区里穿梭，从来不知道，院子里的喜鹊曾经多过，更不知道树枝上曾经有柿子。我到底都在看些什么啊？

孩子的心跟我们不一样，他们总是能看到更真实的生活，而不是被人为定义的欲望。

孩子是榜样，提醒我回到最初的、当下的、最接近生命本质的东西。童心，就是喜悦的源头。

CHAPTER 2

养出一个「听话」的孩子，
是你的失败

普天下的父母，对孩子的要求各有不同，但是"听话"是从未被撼动并且亘古不变的标准。

"宝宝，你真听话！"

——这是我们挂在嘴边不经思考的表扬。

"宝宝，你怎么这么不听话！"

——这是我们脱口而出不容置疑的批评。

"你家宝宝真是个听话的孩子！"

——这是我们对别人家的孩子带着羡慕的表扬。

"老师，今天宝宝在学校'听话'了吗？"

——这是我们对孩子表现最大的期望。

「听话」真的那么好吗？

在家听妈妈的话，让吃饭吃饭，让睡觉睡觉，让穿衣服穿衣服，妈妈带娃得省多少事啊！在学校听老师的话，让玩什么玩什么，让跟谁玩跟谁玩，让玩多久玩多久，让不玩马上就撒手，老师带孩子要是都这么听话，三五十个也不在话下啊！

总之，我们要求孩子听话的对象是"照顾者"，或者说是"对他影响力大"的人。谁有"权威"，我们就让孩子听谁的。我们只要不断地坐在那里发号施令就行了。

让孩子"听话"的受益者，也是他们。

孩子听话，给我们带来的麻烦就比较少。

无论听谁的话，反正不能听"自己"的话。

因为让孩子做主是件太麻烦，太耗费精力的事。

而我们能要挟孩子听话的手段，无非是"奖励"和"惩罚"，也就是胡萝卜加大棒。

听话就奖励，不听话就惩罚，为了奖励或者为了逃避惩罚，这是孩子"听话"的唯一动力。

好景不长。十年之后，家长退位，同伴关系，成为孩子生活中影响最大的力量。

同学约我课间去抽烟，说特别刺激。如果我不跟他去，他以后该不带我玩了。

——去吧!

高中的师哥约我出去过夜，如果去了就会送新款苹果手机给我。

——去吧!

二十年之后，随着孩子进入社会，他的生活中也不可避免地出现更多的权威。

最爱的偶像号召大家去外地看他的演唱会，要花费一个月的生活费，还要逃课。可是，他是让所有人痴迷的人啊。

——去吧！

单位领导说，这次涨工资没有我，但是希望我以后能承担更多的工作。他要是对我不满意，万一开除我怎么办？

——接受吧！

妈妈说，这个男孩很好，有钱有车还有房，虽然我心里有自己更喜欢的人，但是我挑的人怎么可能比妈妈挑的更好？

——认了吧！

于是，我们会看到很多"被幸福"的人。

他们从小听话，一路顺遂，在别人的眼里万事俱足——好工作，好婚姻，好生活，但是他们就是不快乐！

他们学了老师建议的专业，做着爸爸托人找的工作，搂着妈妈做主选定的媳妇，抱着因为丈母娘催促所以不得已生下的孩子，干着老板指派的任务……

生活仿佛没什么可抱怨的，但是生活仿佛也没什么可兴奋的。

他们总是没有感觉。因为，他们过的是他爸爸、妈妈、丈母娘和老板的人生，不是自己的。所以他的生活总是牵动着爸爸、妈妈、丈母娘和老板的喜怒哀乐。

顺了他们的心，会奖励房子。

不遂他们的意，会以死胁迫。

爸爸、妈妈、丈母娘和老板的人生是跌宕起伏、活色生香的。不仅活了自己的一辈子，连自己孩子、女婿、员工的一辈子，也活到了自己身上。但是"听话"的那个他，因为不被允许发声，所以从婴儿时代起，就被关在一个套子里，没机会长大。

人而为人，终此一生，最大的意义是什么？

成功？家庭？金钱？拥有这些，而感觉不到快乐的人，充斥在大街小巷。仿佛永远置身在浓重的雾霾中，辨不清面目，看不到方向。

人，只有在自己能够为自己的人生做出选择的时候，他才能真正感受到人生的乐趣。

做自己人生的主人，这样的人生，才是有意义的人生。

自己做选择，这个动作本身，比做出的选择是什么、对不对，都更重要。

因为"选择是否正确"本身就是一个伪命题，一个再主观不过的结论。因为所有的"幸福"不过是自己的一种感觉。

这就是为什么，有人看似"人生赢家"，却行尸走肉；有人每天苦逼创业，却意气风发。

我们最常做出的「改变命运」的「示威」就是——出轨

什么是幸福，什么是不幸？什么是正确，什么是错误？

从小听话，被父母安排吃饭、睡觉，安排玩具、课外班，安排小学、中学，安排大学、专业，安排结婚、生子的人，很多会在中年的时候忽然觉醒，在生命过半时回首自己的前半生，发现虽然意义重大，却都是对别人而言。

而自己，仿佛从来没有活过。

很少有人，能够像画家高更一样：35岁的时候，辞去股票经纪人的工作，告别美丽的妻子和家庭，远遁到他最爱的"茂密的植物、永远蔚蓝的天空、慷慨的大自然、简朴的生活"的南太平洋小岛上去画画，过"真正属于自己的人生"。即使到最后，因为医疗条件简陋，高更因病死于神秘原始的塔希提岛，但是"军人马革裹尸还"，画家长眠于画中，还有比这更好的结局吗？

无论你认为"好"，还是"不好"，这是他自己的选择，这就够了。否则，世界上不过再多一个长吁短叹行尸走肉的股票经纪人罢了。

是的，我们很难做出这样的选择，在中年危机，重新回顾自己没有主权的一生的时候，我们最常做出的"改变命运"的"示威"就是——出轨。

出轨是最能让生活发生戏剧性变化，且最便捷、成本最低的方式。也是对自己前半生"听话"的生活的一种抗议。一段新的感情，一个新的人，一个新的希望。人生仿佛重新焕发了生命。

所谓婚外情，也不过是对自己"听话"的人生的一次补偿的尝试而已，未必有深厚的感情基础和继续抗争的动力。

通常，最多支撑一年半载便会在呼啸而来的丈母娘的哭诉，老婆要自杀的威胁，还有孩子哀怨的眼光中消耗殆尽。

他依然是习惯"听话"的。

他习惯听任何人的话，唯独不会听自己的话。

这是很多人的人生。

这可能也是，一个"听话"的孩子的人生。

我们应该怎么办？

允许孩子「不听话」，这样他才有机会「听自己的话」

别再以"听话"为标准，教育孩子了。

别再以爱为名，夺走他对自己生命的自主权。

允许孩子解决自己的问题。

当他的行为对我们没有实质影响的时候，给他更多的允许。

当他的行为的确影响到我们满足自己的需求的时候，让他自己找到解决方案，而不是蛮横地要求他，必须按照我们说的做。

让他自己处理和小伙伴的争执。

让他自己决定要不要和第一次见面的阿姨打招呼。

让他自己决定要不要去学画画、钢琴和跆拳道。

让他拥有自己选择朋友的权利。

让他拥有大哭的权利。

允许孩子"不听话",这样他才有机会"听自己的话"。相信我们不是孩子的救世主,孩子有能让自己的生命充满意义的智慧。

看到孩子在"不听话"背后旺盛的生命力、创造力和自主的权利吧! 那正是他生而为人,来到这个世界的最终目的。

CHAPTER 3

能让孩子变好的动力
究竟是什么

「你有多爱孩子」跟「孩子有没有感觉到你的爱」，其实是两件事

假如——我是说假如。假如孩子生病了，需要你给他捐一个肾，你会同意吗？

脊髓呢？

眼睛呢？

生命呢？

我想，绝大多数家长，都会说"I do"。

为人父母，其实我们是时刻准备着为孩子做出任何牺牲的，这就是无条件的爱。

所以我们看到过很多新闻报道，家长为重病的孩子捐出器官，乃至生命。每睹此文，我们都感动于亲子深情，血浓于水。

同时，在孩子健康、正常的生活中，不需要家长献出生命的时候，很多家长，也会像捍卫自己的生命一样，去捍卫自己来决定孩子上什么课外班,吃不吃青椒,考什么专业,能不能恋爱,乃至留什么发型,穿什么衣服的权利。

所以我们也看到过很多新闻报道,家长因为一点点小事,和孩子顽强地斗争到底,结果孩子离家出走,乃至跳楼自杀。

如果有人去问那个逼得孩子跳楼自杀的爸爸:"如果孩子生病,想要你献出生命,你愿意吗?"

我想,他很有可能会回答:"愿意。"

会逼得孩子放弃生命的家长,同时也是愿意为孩子献出生命的家长。很诡异,不是吗?这里面的矛盾在于:"你有多爱孩子"跟"孩子有没有感觉到你的爱",其实是两件事。

两件有时候截然相反、背道而驰的事。

孩子能感受到父母对他的爱的唯一途径,
就是「是否被父母无条件地接纳」

"我当然是爱孩子的,可是我不可能总是接纳他,他考试考不好,他做了错事,我都接纳,他就会保持原状。我必须要告诉他,他的错误在哪里,这才能让他有可能变得越来越好啊!"

这是大部分家长的心声吧?

事实上,这也是我们的父母那一代的育儿真理——"为了让孩子变得更好,所以告诉他哪里不好。"

我们从小就是被这么教育的。

我们考完试，拿着卷子回家。

如果是90分的卷子，家长会说，你那10分哪里去了，是不是又马虎了。你要是不马虎，能得100分。以后给我好好考。

如果是不及格的卷子呢？

一场人间惨剧。

我们是这么长大的，我们习惯感觉不到接纳的力量，所以我们也是这么对待我们的孩子的。

现在，有机会停下来想一想：

让一个人变得更好的动力，究竟是什么？

这个问题太难了，在得到答案之前，我们来玩一个游戏吧：

假如你是一个吸毒的人，我们的父母想让我们改邪归正，戒毒，他们会怎么说？

"你吸毒，这是犯罪。从小我就看你不像好孩子，全家人的脸都被你丢尽了。我一定要报警，把你送到监狱，让你受到应有的惩罚，我看你以后还吸毒不吸毒。你再吸毒，就别回来，我们没有你这个孩子！"

听到这个，你想说什么？你会想戒毒吗？

另外一种可能是，你家人跟你说："我们全家人都爱你，无论你做了什么，我们都随时欢迎你回来。你是爸爸妈妈最爱的孩子。我们理解，你这么做，肯定有你自己的原因，我们愿意听到你的原因和你的需求，我们愿意看到那些原因，我们愿意试着去理解你。"

听到这个，你想说什么？你会想戒毒吗？

哪一种方式会让你更有勇气重新开始生活呢？

无数的心理研究已经证明：当一个人对生活充满期待，热爱生活，愿意让身边的人生活得更好的时候，他才愿意去改变，去变得更好。最终的原因是，他有安全感，他感觉到被爱的时候，他才会发自内心地，想要变成更好的自己。

只有无条件的「爱的支持和爱」，
才是让一个孩子成长的优秀动力

所谓无条件的爱，并不是指接纳孩子所有的行为。而是指无论孩子做了什么，都接纳他这个人；无论孩子做了什么，对他的爱都不会改变。

这怎么可能？

是啊，这怎么可能？

从小，爸爸妈妈会用"妈妈不喜欢你了"来让我们吃下不爱吃的青菜；

用"妈妈不要你了"让我们放弃超市里想买的零食；

用"你要是再不走，妈妈就不带你回家了"把沉迷在游乐场的我们带回去；

用"爸爸再也不跟你好了"警告我们收起散落的玩具；

用"不然就再也别想回这个家"要挟我们选择他们认为"吃香"的专业；

用"我就当没有你这个女儿"威胁我们与他们不认可的对象分手。

他们总是用收回对我们的爱为代价，来调整我们的行为。

于是，我们的行为，就代替我们成为父母的爱的对象，成为是否"配"得到父母的爱的衡量标准。

当我们吃了青菜，放弃零食，乖乖回家，收起玩具，听从他们的意见选择工作和配偶的时候，我们是"可爱的"、"棒的"、"听话的"、"好的"、"值得爱的"。

当我们做相反的事情时，"妈妈不喜欢我们了"，"妈妈不要我了"，"妈妈不带我回家"，"我不再是妈妈的女儿"。

做家长认可的事，是我们得到他们的爱的条件。

不管他们是不是真的这么想的，至少，我们是这么感觉到的。

小小的我们，怀着失去爸爸妈妈的爱的深深的恐惧，小心地改变着我们的行为，担惊受怕有一天会失去他们。

长大之后，叛逆的我们也许会以放弃他们的爱为代价，求一个成为自己的自由。

同样的，"表扬"虽然听起来很甜蜜，可仍是对孩子有条件的爱：

"你吃了青菜，真是个好孩子！"——如果不吃呢？

"你收起了玩具，太乖了！"——如果没收呢？

"你选了妈妈建议的专业，太懂事了！"——如果选了另外一个呢……

二十年后，我们的身边，充斥着很多不自信的人。

他们谨小慎微地取悦于人，担心着自己在会上的发言领导不喜欢；担心着过节不送礼，老师会对孩子不好；担心自己没有车、房，就没有姑娘肯嫁给自己。

他们从来不敢做真正的自己，因为那样一来会有失去一切的风险，因为真正的自己，是不值得爱的。只有做了让对方满意的事，这个人才有价值。

我们会看到，很多人做着自己并不喜欢的工作，但是<u>没勇气换</u>。

很多人跟不在乎自己的人生活在一起，但是<u>不敢离开</u>。

因为不相信自己的能力，也不相信自己值得被无条件地爱。

我们看到，很多人都笃定地相信，自己不够好。

他们甚至会用实际行动来证明这点。

你如果安慰他其实已经很好了，他会告诉你，哪里做得不好。

他们的脑子里无时无刻不在对自己做着评判，而且大部分都是负面的评判，就像背景音乐一样播放着。

这个已经自动播放了二十多年的评判，已经被移植到大脑里，无限循环。小时候父母对我们的批评，被传承，被内化，变成无时无刻的自我批评。

他们只有做成某个特定样子，取得某个理想的成就，才会爱上自己。其实，所有来源于"别人不够爱自己"的恐惧，都来源于无法爱上自己，无法对自己满意。

孩子小时候，得到的爱越是有条件，越是严苛，长大后他的自我价值感就越低。

如果孩子得到的爱是被附加条件的，那他们在这一生接受自己的时候也会有附加条件。

而能够被无条件接纳的孩子，会相信自己的价值。

这就是真相。

所以，让孩子知道，无论他做什么，你都会爱他这个人吧。

事实上，即使他不吃青菜，多买些零食，在游乐场玩得开心不肯回家，玩了玩具不收，选择了自己喜欢的专业和结婚对象，又怎么样呢？

对健康真的有那么大影响吗？

真的有可能得不到幸福吗？

我们不知道。

没有人知道。

亲自找到这些事情的答案，是像我们的生命一样重要的，自由的权利。

CHAPTER 4

唯一正确的育儿观

最近目睹了好几场育儿理念之间的争论。

通常在动物界,涉及小崽的战争都很惨烈,所以我见到的也是如此。

世纪战争: 孩子和父母是否应该分房睡

在一个育儿分享会上,一位女儿即将从斯坦福大学毕业的爸爸,跟大家分享他的育儿经验,其中包括: 多参加聚会、多培养兴趣、经常陪伴、尊重孩子的意见、不体罚、讲道理等。其中还提到,因为孩子是在美国出生,所以习惯性地从出生的第一天就和父母分房睡。

果不其然,在互动环节,一位接受蒙氏教育的铁粉妈妈质疑"最新的亲密育儿理念中,和父母睡的孩子才有安全感",并且询问这位爸爸,他的女儿是否缺乏安全感。

这位女儿已经二十多岁的爸爸站在台上,顿时失去了安全感，"呃，我女儿的确有时候有点儿焦虑，不过我想，也许是青年人在这个时段的正常表现吧。"

以我白羊座的性格，很想走上台，先给这位爸爸擦擦汗，然后拉着蒙氏铁粉妈妈的手，跟她聊聊：从0岁到20岁，孩子经历的每一分每一秒，每一点滴的生活，都影响着她成为今天的样子。

我们如何能把相隔几十年的两个单纯的点一一对应？

如果和孩子日日同睡，但是白天疏于陪伴或者粗暴强硬，孩子一样没有安全感。

相反，即使从一出生孩子就睡自己的房间，但是家长日日相伴，给予爱和自由，就像这位爸爸演讲中提到的其他育儿理念都做得非常好，孩子也许除了安全感之外，还能收获独立性。

事实上，仅仅几年之前，中国还在流行美国人民的"科学育儿观念"——父母和孩子分房睡，以培养孩子的独立性。

有多少妈妈为了执行这一"科学且正确"的育儿观，蹲在孩子的房间外面，痛苦地度过一个个漫漫长夜。

孩子在门里哭，妈妈在门外哭，每个回合都持续得像一辈子那么长。即使听到孩子哭哑了嗓子，妈妈们也如邱少云般"心乱身不动"，仿佛打开面前这扇儿童房的门，就是关上了孩子的独立之门。

孩子长大是否独立还有很长的路要走，但是可以确定的是，在这个过程中，妈妈的焦虑、纠结，乃至自责和严重的不安全感，都会毫无保留地传递给孩子。

宝宝不仅在晚上得不到陪伴，而且在白天，得到的也变成低质量的陪伴。

世易时移。现在，新的研究成果告诉我们，要跟孩子同房，乃至同床睡，才能培养孩子的安全感。

于是，妈妈们心安理得地抱着奶娃上床——直到孩子四五岁了，孩子还是不肯去自己的房间睡。

于是，孩子不仅占领了本该属于爸爸的卧室乃至床铺，更占据了一个家庭里本该属于爸爸的位置。

我们都知道，在家庭中，"夫妻关系是第一位的"。很多孩子的心理问题，都是亲子关系凌驾于夫妻关系之上导致的。

所以，仿佛放任孩子的需求，并不总是能带来真正的安全感。

那么，到底怎么做才是对的呢？

让我们先把这个问题搁置一旁，先看看另一次争论。

巴尔干火药桶：母乳喂养

这次争论发生在微信妈妈群里。

一位推崇"母乳喂养时间越长越好"的妈妈，义愤填膺地和其他妈妈讲述她听到一个中医的讲座，里面提到"母乳喂养最好在妈妈来月经的时候结束，因为乳汁中可能含有雌激素，会让女孩早熟、男孩胆小。在古代，来了月经的妈妈都会请奶妈帮忙喂奶，这也是这个行业诞生的原因"。

"这不是误人子弟吗？"那位妈妈很生气，"这会带来很多不好的影响，作为一名医生，她的知识怎么能不与时俱进？"

如果知识都需要"与时俱进"的话，那么今天提倡的"母乳时间越长越好"是不是有一天，也会被更新的知识替换掉？

那时候谁对我们的后悔负责？

说起母乳喂养，又是一个特别容易引发争执的"巴尔干火药桶"。

提倡长期母乳的，很喜欢举出南怀瑾先生的例子，原文是这样的："南怀瑾直到七岁还吃奶。十二岁前，他不爱吃饭，小病不断，结婚前还一直跟母亲睡。一次，南怀瑾和邻居孩子吵架，互骂脏话，父亲一气之下，把他推进门前小河沟里。"

话说，这其中的"一直跟母亲睡"，倒是应和前面那个妈妈关于"和妈妈睡有安全感"的理念，不过后文爸爸对孩子的粗暴态度，与"爱与自由"距离甚远，这安全感也算是就此抵消了。

南怀瑾先生的确喝母乳到七岁，但是他能成就一代宗师，恐怕更多有赖于在他人生后八十七年间的学佛、闭关、读书、教学、翻译等诸多经历。

你我凡夫，即使吃奶到十四岁，也未必能有他的二分之一。

作为一个十四个月的男孩的妈妈（写此文时，我家小树只有十四个月)，我还在喂奶，也打算"能喂多久喂多久"。

但是我并不否认那位老中医说的"妈妈来月经后，乳汁中有雌激素"的可能性。

古老的中国智慧和先进的西方科技，各有千秋，如同一枚硬币的两面。

世界很大，知识很多，没有什么是唯一正确的真理。

所以这世界上没有对错，只有选择。

只有充分了解了利弊，自己做出选择的时候，才不会因为知识的"与时俱进"而怨天尤人。

育儿路漫漫，我们总希望有一个"唯一真理"，可以让我们无须思辨，笃定地执行，就像基督教的"唯一真神"，负责帮我们搞定一切。但是我们面对的偏偏是中国佛教，它告诉我们"众生是佛，你就是佛"。

于是，皮球又被踢了回来，我们还是需要在各种理论之间，自己做选择。

"自己做选择"对于我们这"迷惘的一代"来说，并不是一件熟悉的事。

我们的前半生，受制于刚刚从一场"风暴"中缓过神的父母，我们像一棵营养不良的树，战战兢兢地生长着。

我们的后半生，被风起云涌的改革大潮冲击得站立不稳，不断地调整自己的三观，以期适应——哪怕只是理解这个神奇的时代。

当上一代的知识无法传承，而我们从小受到的教育与现实格格不入的时候，我们每时每刻都在寻找我们能够认同的知识，以及能够认同我们的团体。

恰到好处的是，这时候西方的各种学问被翻译成中文，汗牛充栋地出现在书店。

可以说，我们这一代在挣脱了父母对我们的控制之后，大部分都是在"照书活"的。

工作的时候，我们看《领导力》《高效能人士的七个习惯》《金字塔理论》，以期提高效率；

谈恋爱的时候，我们读《30岁前别结婚》《其实他没那么喜欢你》《男人来自火星，女人来自金星》希望建立正确的爱情观；

社交的时候，我们用《假装的艺术》，把自己伪装成各个领域的知道分子；

遇到人生重大挫折的时候，我们看《与神对话》《正见》，希望找到几十年前还被视为"毒草"的人生信仰。

一路走来，我们从各种书籍的"你一言，我一语"中，勉强拼凑出了能让自己生存下去的人生观。

这个时候，我们有了孩子。

我们不认同上一代父母的教育理念，因为他们根本没有"教育理念"，所以我才被"迫害"成了今天这个"我自己都不喜欢"的样子。

更何况，今时今日与他们那个年代不同，世风日下，压力大了，危险多了，污染更严重了。

为了弥补自己小时候的"爱和自由"的缺失，一定不能再用我们父母的教育方式了。

那么，到底应该怎么做呢？

幸好，这个世界上从来都不缺专家。

幸好，有很多"与时俱进"的育儿书能教我们如何做妈妈。

我们在喂奶的间隙，在孩子睡了之后的深夜，在陪孩子一天之后的身体酸痛中，依然很努力地去学习。

育儿观战争的根本原因：我们才是那个不安全感的来源

我们愿意按照西方的先进科学研究成果去养育孩子，也可以按照中国传统文化去教育孩子，但是绝对不能听从自己的内心去教育孩子，因为我们不相信自己有这个能力。

我们一旦选定了追随一种理论，就义无反顾地奉之为圭臬，不容别人质疑，也不接受其他可能。

因为正确答案只能有一个，我们从小就是这么被教育的。

如果认可了另外的可能是"对"的，那就说明我之前的做法是"错"的。

我们去读书，去听课，去上工作坊，很用力地想要给我们亲爱的宝宝那些我们错过的美好的东西。

但是很快就发现，我们给不出。

因为我们从未被如此对待。

我们能从新教育中，学到尊重孩子的敏感期，放手让他探索世界，让他玩沙子、玩泥巴，让他把石子放进嘴巴，满足口欲。

但是，当他玩了一天还不肯回家，眼看就要耽误书上说的对孩子最重要的睡眠时间的时候，却不知道怎么去面对他的哭闹。

我们能按照最先进的营养配比，购买最贵的烘焙用具，给孩子做健康膳食。

但是，当他一口都不吃，还扔到地上的时候，我们不知道该不该逼着他继续吃完——哪怕吃一口也行啊！

我们遵从对孩子的尊重和爱，不用强权命令的方式去沟通。但是，当其他家人与我们的观念不一致时，我们不知道如何去改变对方，有时候彼此甚至会发生激烈的争执。我们在家里越来越被孤立。

因为，只有在内心真正尊重自己的人，才知道应该如何尊重孩子。

只有在生活中恪守自己的界限，才知道如何给孩子设定界限。

只有对自己真正认可，爱上过这个看起来并不完美的自己，才知道怎么给孩子恰到好处的爱。

只有认为自己生活得幸福满足，才知道怎么给孩子指出一个通向幸福满足的方向。

很多时候，我们从未自信，自己是一个好妈妈。

所以我们也从不相信，自己的孩子会是一个完美的孩子。

我们怀疑自己，怀疑孩子。

我们才是那个不安全感的来源。

怎么可能通过看一本"教授怎么有安全感"的书，而让一个没有安全感的妈妈培养出一名有安全感的孩子呢？

你怎么说不重要，孩子会学的，是你怎么做。

你怎么对孩子也不是最重要的，孩子真正学会的，是你怎么对待自己。

所以，你对自己好吗？

是你希望你的孩子以后对待他自己的方式吗？

优秀的育儿观：妈妈的成长和幸福

每当我挣扎于育儿路上的矛盾时，就会想起我的婆婆。

她培养出的我孩子的爸爸，事业有成、家庭幸福，是公认的好爸爸、好丈夫。德艺双馨，色艺俱佳。

不仅如此，我婆婆的四个孩子，各个生活美满，对她孝顺之极。

每每看到孩子们簇拥着妈妈，给她唱"烛光里的妈妈"，我都自愧不如，同时默默盼望自己老了之后，能有这般福报即是心满意足了。

她是怎么做到的呢？

我婆婆是个普通的农村老太太。是每天都要下地干活，没有自来水，没有公交车的那种真正的农村。每天照顾四个孩子和我公公的生活起居，非但没有育儿理念可学，也没有学习的时间和精力。

她所做的一切，只是自己的本分。

对老公柔软，也会吵架，但是很少抱怨，从不唯我独尊。

对孩子慈爱，也打也骂，却放手让孩子做自己的决定。

对公婆孝顺，也有微词，却始终不曾逾越媳妇的本分。

她每天辛勤地操持家里家外，以实际行动，示范着女孩子们长大之后的形象，或者男孩子们应该找的媳妇的样子。

一切都顺其自然。

她很忙，所以没有时间去钻研育儿知识，这反而避免了用力过猛和教条主义的焦虑。

家里孩子很多，没时间逐一安抚平衡，这反而给孩子们机会，不受干扰地去学习"如何在群体中相处"。

她从不为孩子焦虑，反正家里都是农民，孩子喜欢上学我就供你上，即使依旧做农民也不错。

这让孩子在完全没有压力的环境下长大，两个考上大学，四个孩子都搬离农村，有的在北京，有的在沈阳。

无为而治，是最好的"治"。

当然前提是：

1.相信自己

爱自己。

接受自己的样子,认同自己的生活是幸福的。

不焦虑,不遗憾,不纠结。

相信言传身教的力量,相信自己即使仅仅是依照自己的内心行事,就一定可以成为一个好妈妈。

2.相信孩子

相信孩子是完美的种子。

自己可以对他产生影响,却不能决定他的命运。

相信每个人孩子都有自己的路要走,都有自己的命运。

相信一切都是最好的安排,所有的经历对孩子都是有意义的,都是为了让他成为完美的样子。

如果说,在育儿理念上,存在"唯一的正确答案"的话,那么就是妈妈的成长和幸福。

能做到这两点,无论孩子有没有睡在你的身边,无论吃奶到几岁,都一定会成为一个优秀的孩子。

CHAPTER 5

不「辨」对错，才是好父母

家有家规，国有国法。没有规矩，不成方圆。

规矩是行事的标准。我们都会给孩子立规矩，以此判断孩子行为的对错。

所谓家规：遵守与否的标准是什么

比如说，吃饭必须是要定点的。

这是为了让孩子养成"正确"的就餐习惯。

如果孩子因为贪玩，沉迷于一个游戏，错过了午饭的时间，还怎么叫都不上饭桌。为了捍卫"规矩"，有些妈妈就会在全家人都吃完饭后，把饭菜收起来，让孩子饿一顿，作为惩罚。

我还听说过有的家里把冰箱上锁，防止孩子在下一顿饭之前找到任何能充饥的东西。必须饿到晚饭时，才能吃东西。

这是名副其实的"饿"治。

"会不会有可能对孩子吃饭的时间网开一面呢？"

"当然不行！不能让孩子钻空子啊！"

那么，如果有一天，孩子沉迷于一道难题，全班其他孩子都放弃了，只有你的孩子想要挑战一下，已经算了很多张草稿纸，马上就快要找到答案了。这时候中途吃饭，恐怕会打断思路……

我们会让刚刚解出难题，筋疲力尽的"小英雄"饿着肚子等到晚饭吗？还是会为了让孩子能安心做题，全家走路都轻手轻脚，等孩子完成学习，妈妈喜出望外，像踩了弹簧一下弹到厨房，开始给孩子"加点儿有营养的"呢？

如果你这时候拉住妈妈，问她："错过'饭点'就要等下一顿的规矩还要不要遵守呀？"

她一定会不耐烦地告诉你："这鸡蛋要蒸得嫩一点才有营养，你别打扰我，正看着时间呢！"

好吧，那我们去看另外一位妈妈。

这位妈妈的"规矩"是——每天玩iPad不能超过半个小时。即使是节假日，也没有特殊政策。

如果有一天，这位妈妈参加中学同学聚会。家里没别人帮忙带孩子，只能一起赴约。正跟同学如火如荼地聊着当年班花和班长的八卦，欲罢不能……

这时候，孩子举着iPad过来说："妈妈，半小时的时间到了，你陪我看书吧！”

他很可能得到的回答是："别打扰妈妈，你今天可以多玩一会儿，乖哈！"

如果你这时候拉住妈妈，问她："每天半小时的规矩，我还要不要遵守呀？"

她可能脸都不会转过来："那他们当初到底是谁追谁啊？"

这时候孩子玩iPad超过半小时，仿佛又是可以接受的。

这么看起来，仿佛规矩也都不是"死"的，而是我们根据自己主观上的感觉来判断的？

我们会发现其实很多时候我们判断事物的标准是主观的。是以我们自己的感受为标准，也就是说我们以感觉、情绪上能不能接纳一件事情为标准，而不是用法律、道德或者绝对正确的一个答案，来判断一件事情是能接受还是不能接受，是对还是错。

我们生活中大多数时候遇到的争论，也的确都不是能找到法律法规参考甄别的。

家庭越界和父母焦虑的判断标准又是什么

工作坊中，经常会遇到两个妈妈讨论同一个话题，心有戚戚焉。

一个妈妈说，我婆婆非常没有界限。

另一个妈妈也说，是啊，被越界搞得我很烦恼。

说到具体事情的时候，第一个妈妈说："我婆婆居然背着我带孩子去理发，剪了一个特别难看的发型！"

另一个妈妈说："我婆婆每天早上五点来我和我老公的卧室，给我们擦地、擦床。我不高兴，我老公还批评我'我妈帮你做家务，你还有什么抱怨的'？"

同样被贴了"越界"的标签，婆婆的表现大相径庭。

又或者，两个妈妈都对孩子的学习问题感到非常焦虑，彼此很有共鸣。说到具体的事情，一个妈妈说："孩子考试总是不及格，现在他一考试，我比他都紧张。"

另一个妈妈说："孩子每次考试我也特别紧张，我总怕他考不了100分。"

特别拉仇恨有没有？

但是这几位妈妈感受到的对"越界"的不满，对孩子考试的焦虑，可能是同样强烈，同样真切的。

我们每个人，看这个世界，都是戴着有色眼镜的。

我们看到的都是"我们眼中"的世界。

不同年龄、性别、职业、身高、经历、地域、肤色、民族……的人，看待一件事的角度肯定是不同的。

其实，不仅仅是美国纽约的妈妈和埃塞俄比亚的妈妈对待孩子吃饭的态度是不一样的。

我们和隔壁家二婶，判断孩子冷暖的标准也是不一样的。哪怕是我们和身处一室的孩子他爸，对于孩子对错的标准也是不一样的。

这是人之常情。

因为这就是一个主观的世界。

没有规矩，不成方圆，而这规矩、方圆，其实是主观的，是根据我们自身的感受来决定的。

看到这儿会不会有点儿轻松？

我们终于可以做回真实的自己，尊重自己的感受，而不是去费力捍卫一个固定不变的是非对错？同时也会有点儿迷惑吧？

没有对错的教育方法，会不会没有标准呢？
——托马斯·戈登博士改变世界的灵感：行为窗口

P.E.T.父母效能训练的创始人，师从人本主义的心理学创始人罗杰斯的心理学家托马斯·戈登博士，在五十多年前，也遇到了同样的问题。

他做心理咨询时，经常会遇到妈妈带孩子过来找他。

妈妈会先把戈登博士拉到一边，低声嘱咐：我孩子在什么什么地方有问题，你一定要帮我"搞定"他。

戈登博士送走妈妈，转身进门。

孩子正迫不及待地等着告诉戈登博士："老师，我妈有问题，你一定要帮我对付她！"

问题仿佛是不少，可是它们究竟属于谁？

戈登博士陷入了迷惑。

有一天，他坐在自家厨房里，一边喝咖啡，一边欣赏着窗外一群青年人在打篮球，几个老人在晒太阳，一派岁月静好。

忽然，篮球飞出球场，落到了他家门口的小花园里。

戈登博士一下子紧张起来，放下咖啡，站起身向外探望。他很担心孩子们来捡球的时候，不小心踩到他和妻子刚刚种下的植物。

当看到来捡球的男孩子们小心翼翼地将篮球捡走，而没有伤害到花花草草之后，戈登博士长舒一口气，坐回去继续享受那杯咖啡。

这时，改变世界的灵感出现了。

他忽然意识到，通过厨房窗户看到的这一切，正是我们看待世界的"模式"。当他看着孩子们打球的时候，感觉很开心，因为那是"可以接纳的"。

但是，紧接着，当球掉进了花园，让人很担心花花草草的时候，这是"不可以接纳的"。

几秒钟之后，看到它们免遭一劫，于是我们松了一口气，这时候我们又可以接纳了。

接纳和不可接纳之间，可能就是这么瞬息万变，相互转化。

戈登博士立即画下了这个"窗口"。而这个摒弃以是非对错的二元对立的方法做出判断，而仅仅根据主观感受来评断一个行为的思考模型，最终帮助他在1997年、1998年和1999年，连续三次获得诺贝尔和平奖的提名，以表彰他在人际沟通方面的卓越贡献。

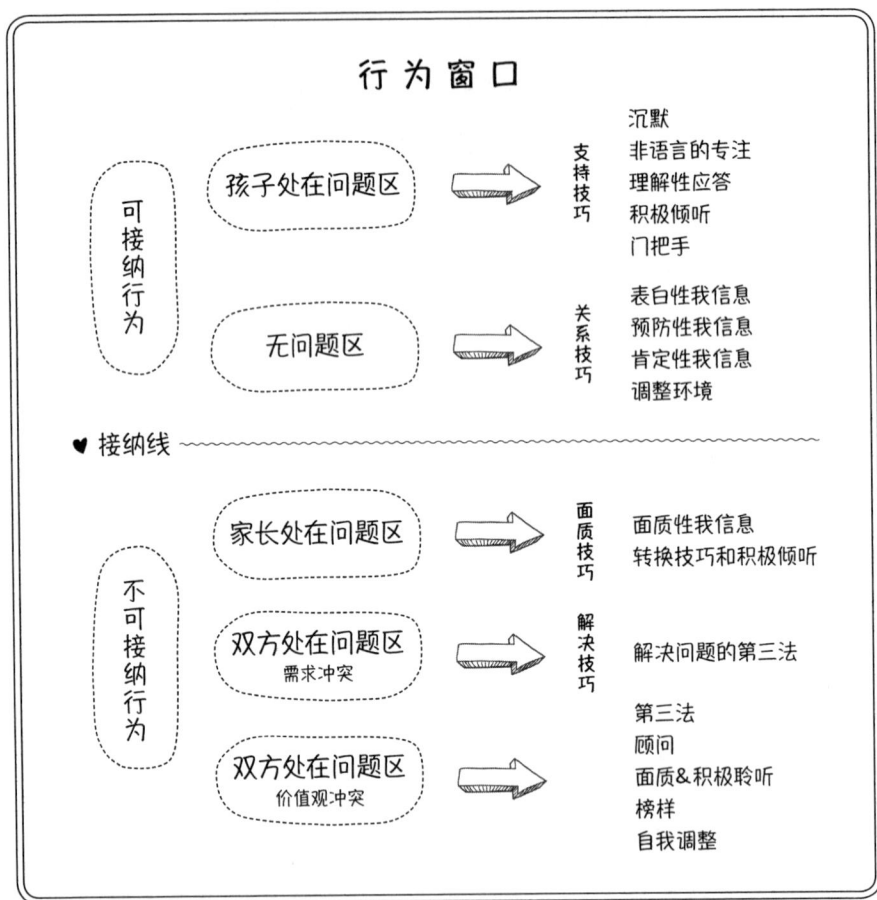

行 为 窗 口

可接纳行为	孩子处在问题区 →	支持技巧	沉默 非语言的专注 理解性应答 积极倾听 门把手
	无问题区 →	关系技巧	表白性我信息 预防性我信息 肯定性我信息 调整环境

♥ 接纳线 ～～～～～～～～～～～～～～～～～～～～～～～～～～～～～～～～

不可接纳行为	家长处在问题区 →	面质技巧	面质性我信息 转换技巧和积极倾听
	双方处在问题区 需求冲突 →	解决技巧	解决问题的第三法
	双方处在问题区 价值观冲突 →		第三法 顾问 面质&积极聆听 榜样 自我调整

注：这张图就是P.E.T.中非常著名的"行为窗口"。

这张表格让我们能够在沟通的时候，不去纠缠于对方行为的"对错"，而是更多从自己地感受出发。

当我们去谈感受而不是谈对错的时候，对方就更容易接受我们的意见。同时也就没有办法去反驳你，因为我们说的只是一个真实的感受而不是对方的评价。

当我们能够接受对方的行为，但是对方可能有一些他不能接受的事情时，问题属于他。

比如孩子不想上幼儿园，和小朋友吵架，或者老公在公司遇到烦心事。

这时候，我们要做的是去陪伴、倾听，去理解和看见对方。

而当我们产生了情绪，就来到了行为窗口的下方。当我们不能接纳这件事情的时候，也就是说——孩子做的事影响我们满足自己的需求了。也许并非孩子做的是"错"的，可能换个场合、时间，或者换个妈妈，他就"没有错"。

所以，你只需要告诉孩子，他的行为对你产生的影响，或者你不舒服的感受就好了。

比如当你结束了漫长的一天，很累地回到家里，孩子缠着你玩。你要说的并不是"你好烦，不懂事"，而是"妈妈今天很累，所以不想陪你玩了"。

这样，孩子会更容易配合你的需求。他也从中学到了，如何体贴别人的感受。

最重要的是，他没有受到"你好烦，不懂事"这个负面评价的伤害。作为回报，你看到的可能不仅仅是孩子不再缠着你了，更有可能帮你倒杯热水，或者捶捶后背。

这时候孩子更容易接受。

当我们不再用对错来判断每个人的行为，我们会发现，世界变得更可爱了，因为我们不用再去争辩是非，只是讨论如何解决就好。

当我们知道对方对自己的态度改变，也并非因为我们自己的"对错"，而是他们由于自己的原因能够"接纳"或者"不接纳"的时候，我们的人生也变得更轻松了。因为不用苛求自己为此负责，只是坦然面对就好。

世界本该如此。

这样我们更容易分清"界限"，不去干涉对方生活的同时，更能对自己的感受负责。

当我们更多地在和对方谈我们自己的"感受"，而不是别人的"对错"的时候，这就会成为一个更多理解，更少争执，更多友善，更少误会的世界。

一个美好的，值得获得诺贝尔和平奖的世界。

CHAPTER 6

如果明知道「逼着」孩子学钢琴一定会成功，这么做对不对

"小孩学钢琴，刚开始是因为兴趣，但真要学好是很辛苦的，如果孩子不肯坚持，就会半途而废，如果在父母的逼迫下坚持下来了，虽然刚开始觉得很烦要逃避，但时间长了，也喜欢上了，最后成功了，也会很感谢父母。那父母的逼迫到底是不是好的呢？"

最近被几个家长问到这个问题。

"逼迫"和"使用权威"是学习P.E.T.和无条件养育的家长们排斥的，但是电视里"钢琴神童"明晃晃的成功，似乎又是不可抗拒的吸引力。要不要狠下心去，用眼前的"强迫"去跟孩子一起忍到一个"守得云开见日出"的结局呢？

家长们苦苦思索，左右为难，我的答案却脱口而出："如果有什么事一定会成功，傻子才不会去做！"

无论是作为妈妈，还是亲子教育工作者，或者是其他任何一种身份，我都会毫不犹豫地做出这个选择。

可惜的是，世界上从来没有什么事，是"一定会成功"的。

很多时候，只是我们"期待它会成功"。

更多的时候，是我们"以为它会成功"。

当然，不仅仅是针对"学琴"。亲子教育中"为了孩子的前途"而逼迫孩子去做的事，都是一样的。

这个问题其实是个伪命题，这里面有三个关键词，值得我们讨论：

第一个关键词是"一定"；

第二个关键词是"成功"；

第三个关键词是"逼迫"。

关键词（一）

我们先来看"一定"。

逼着孩子学琴，孩子一定会学好琴，最后取得"成功"。

这个观念，可能比较多的是来自于几个已经取得"成功"的钢琴家，或者那些孩子考上外国名校的虎妈狼爸。

对于成为全国乃至全世界焦点的这几个金字塔尖的人来说，他们用他们自己，证明了这个"成功"的"一定"性。

目光稍稍下移，很多在金字塔中间的孩子，被父母带着学琴考级，向着塔尖准备冲刺。

重复的练习，学业的压力，身体的辛苦，家长和孩子彼此安慰着："再考一级就好了，考到十级就好了"。

然后呢？

钢琴老师问一个学琴八年，很有天赋，正准备考十级的孩子："等通过十级以后，你想要做什么？"

那孩子一本正经地回答："我想再也不用练琴了！"

这样的案例，在网络上、新闻里，乃至生活中，比比皆是。

很多学琴的孩子最想做的事就是把琴砸掉。

他们跟那些高中毕业后撕书庆祝的学生们，也算是彼此的知音。

他们中间，有多少个会"成功"呢？

再往下看，挣扎在金字塔底端的，是为数众多的"琴童"们。

他们中间，有人真的喜欢钢琴，为自己的爱好努力着。

有些人的父母"真的喜欢钢琴"，他们为父母的期待努力着。

一分钟一分钟地煎熬，一个音节一个音节地练习。

那些亲子间的争执、命令，孩子流下的泪水和父母内疚的心疼，真的"一定"能换来期待中的"成功"吗？

"最后的成功"虽然不一定，但是有些事情是"一定"的。

比如——彼此现在的煎熬和痛苦。

关键词（二）

我们再来讨论什么是"成功"。

成功是一个完美的词，它涵盖了人生所有欲求的满足。

可是现实中，我们使用它的时候，都是从它的某一部分来定义的。成功有很多种。

有一种成功，是社会性成功

"功成名就"，也就是所谓的财富和名誉。

我们通常定义的成功，更多的是这一种。

我并不清高，也希望自己的孩子以后能取得财富和名誉，这一点都不丢人。重要的是，我们希望孩子用什么方法来取得这些。

如果把"财富和名誉"设置为路径终点的话，学琴只是一条路，而且未必是最畅通的那一条。

如果让我来选，我希望孩子能用他自己喜欢的方式来达到这个目的。而孩子能够做出适合自己选择的依据，是充分地拓展视野，了解世界的多样性，了解自己的特质和爱好。

同时，很重要的一点是放松，毫无压力地做出选择。

马云是学英语的，在创立阿里巴巴之前曾经当过七年的英语教师。看起来，这是个不小的浪费。

事实上，马云在接受采访的时候曾经说过，他今天为业界称道的绝佳口才，正是在那段做老师的岁月中练就的。创业的人很需要"能说"，因为团队和投资人，都需要相信你做的事情是"正确"的。

同时，英语教学也给了他机会去接触国外的新鲜资讯，最终在国人还不知互联网为何物的时候，他选择它作为创业目标。

这些机会和能力，能靠"逼"出来吗?

事实上，"成功"之后，是不是会真的快乐，也是一个疑问。

搜狐创始人张朝阳说："在成功之后，有一段时间，我很困惑。我得到了很多东西，其他人奋斗一辈子想要得到的东西，却突然发现，自己并没有因此而快乐。我不禁反问自己：人活着到底是为了什么?"

我们再回过头来看学琴的孩子，如果一直支撑着他们努力练习的最终目的就是日后的"财富和名誉"的话，这些更像是对小时候的辛苦的一种补偿。

我们都知道，小时候的缺失其实是比较难以弥补的，而小时候受到的痛苦，会伴随我们一生。所以很多人终其一生努力奋斗的动力，并非为了追求幸福，而是补偿痛苦。他们像陀螺一样努力旋转着，辛苦地赚钱，却没时间花钱。

他们能感觉到丰收的喜悦吗?

有一种成功，是专业领域的成功

对于学钢琴的人来说，成为"钢琴家"算是一种成功。

所谓钢琴家，并非仅仅是演奏，更是指创造出打动心灵的传世之作的人，比如贝多芬。他的一生中，充斥着贫困、疾病、耳聋、失意、孤独，而这些都被他当作素材和动力，演绎成乐曲中激昂的音符。

"我要扼住命运的咽喉！"让贝多芬发出这声怒吼的，是命运，更是他自己。

古今中外，所有的"音乐家"、"钢琴家"，所有在自己领域取得骄人成就的人，无论贫富，无论顺境逆境，那些可歌可泣的斗志，都来自于心底的热爱。除了热爱，没有另外一种动力能带来如此巨大的精神力量。

还有一种成功，是"人生的成功"

幸福、健康、美满。

音乐作为陶冶情操，增加情趣，提升生活品质的元素，不可或缺地存在着。但对于谋生来说，并非不可或缺。

这时候，音乐的意义得以回归它本来的样子。

它不是为了赚钱，不是为了成名，不是为了满足自己的虚荣心，不是为了满足父母的虚荣心，不是为了证明教育手段的正确，不是为了证明孩子聪明，不是为了逃避高考，不是为了生活体面，不是为了泡妞，不是为了弥补小时候的缺憾……

它是为了美，是用来感受生活的。

当它让你流泪，不是因为练琴的辛苦和父母的逼迫，而是因为旋律的婉转婀娜。

当它让你喜悦，不是因为奖牌和奖金，而是因为听者从中感受到了生活之美。

如果你希望，孩子能真正感受到音乐带来的感动和享受，有一句话放在这里，有点儿煞风景：

让一个人厌恶一件事的最有效的方法，就是不断强迫他去做。

关键词（三）

说完了"成功"，我们再来看看"逼迫"。

"逼迫"是一个标签，一个负面的标签。

有一些"成功人士"承认自己小时候，是被父母逼迫着练琴，长大了之后，非常感谢父母。

比如众所周知的郎朗。

郎朗的爸爸亲口承认自己逼着孩子学琴，而且"该严厉就严厉"。他辞职陪儿子去北京，为儿子赌上了一家人的生活与未来，曾经因为郎朗耽误了两个小时练琴的时间，逼他吞掉30片抗生素自杀。

郎朗在《千里之行，我的故事》里面，提到父亲对他说的话："你要像活不过明天那样练琴……你是第一名，永远会是第一名。"

可以想象，一辈子背着"第一名"要求的人，是怎样一番如履薄冰。一旦有一天他不是"第一"了，人生仿佛都失败了。

而郎朗的成功，也是朗爸使用权威的成功佐证。

仔细看看朗爸的采访，有一些不一样的信息：

"建议所有的孩子学琴要早一点开始，但是不要想着必须怎么样，目的是启发他的兴趣，热爱音乐，热爱之后就会投入。有人说我比较严厉，该严厉严厉，弹到特别优美的曲子，要完全换一种感觉陪孩子，让孩子感觉到音乐的美感，这时候如果再严厉，让孩子感觉不到音乐的美妙，不就完蛋了吗？"

"我也是搞艺术的，对他的前途是有估量的。周围有很多专家对他的评价，都证明他一定会成功。有才能的孩子能看出来，要不我也不会有这么大决心。郎朗三岁开始弹琴，弹到九岁时，他的钢琴水平相当于大学毕业。我知道他是一个天才演奏家。"

我们可以看到，在朗爸严厉的、逼迫的标签背后，是他对音乐，对儿子深深的理解。这也是他的"逼迫"能导致"成功"的原因。

都说是"玉不琢，不成器"，但是首先我们要确认，孩子在钢琴，或者你给他选择的某个方面，的确是一块"玉"，而你雕琢的方式，是在不破坏这块玉的主体的情况下，因材施教，锦上添花。

很多家长告诉我，他们逼着孩子学琴，并非为了"金钱和名誉"，也不是出于虚荣，而是觉得孩子应该有韧性，有责任感，遇到困难不放弃，坚持到底。

是啊，我们的确看到很多孩子很聪明，能力也强，但是缺乏意志力，生活中遇到一点儿困难就容易放弃，所以总是难以"成功"。

这让家长们很无奈。

有没有什么人，是"意志力"的典范，让我们可以学习呢？

"竹签子是竹子做的，共产党员的意志是钢铁铸成的。"

革命者，可能是意志力最强的榜样了。

他们生存条件非常艰苦，可能得到的回报——革命胜利的喜悦，很多人终其一生都看不到。

是什么支撑着他们能承受这些非人的痛苦呢？

热爱，无他。

而叛徒呢？我想，甫志高最初参加革命的时候，也是因为热爱和信仰，而中途放弃的原因，是爱的程度还不够——至少，跟敌人的酷刑带来的恐惧相比，还不够多。

有一个说法："世界上其实根本没有努力这回事，所有为了理想付出的，都是因为热爱。而所谓的'不够努力'，是因为不够热爱。"

说到价值观的传承，其实"逼迫"能带来的影响非常大——只不过都是反作用。

在临床咨询中，有的孩子有能力考试及格，却故意放弃。

问原因，他答："如果考试考好了，我爸妈会开心。但是他们天天唠叨我好好学习，我就不想学习好，不想让他们开心。"

比尔·盖茨的女儿的故事

——和父母怎么做的相比，"怎么说的"简直微不足道

比尔·盖茨的女儿从小就很喜欢挑战，从不轻易在困难面前退缩。她在采访中提到，在她两岁时，自己练习穿鞋子，却怎么也穿不好时，她并没有沮丧，而是对妈妈说："妈妈，穿鞋子很困难哦，不过我最喜欢做困难的事情！"

为什么一个两岁小孩能如此积极？

难道仅仅因为她是比尔·盖茨的女儿吗？

事实上，每天比尔·盖茨先生和太太出门前都会和女儿讲："爸爸妈妈今天又要去挑战自己，做困难的事情了，不过我们喜欢做困难的事情！困难让我们觉得非常有趣。"

重复的次数多了，这就成为盖茨家族的一种价值观，传承下来。

所以，当你看到孩子遇到困难轻易放弃，很消极，或者厌烦的时候，可以问问自己，这是从哪里学来的？

如果家里经常有人抱怨"烦死了！不可能！没办法"的话，那需要为此负责的，就不是孩子。

和父母怎么做的相比，"怎么说的"简直微不足道。

有的时候，它更像是一个讽刺。

接下来我会说两个"八卦"，当然，这里面有很重要的内容。

第一个"八卦"是关于郎朗的花边新闻

——不得不替别人活的人生，才是"失败"

江湖曾经传闻刘亦菲托人介绍，想跟郎朗"认识一下"（传言就是传言，我不对此负责），到了朗爸那里，一句"我儿媳妇至少得研究生学历"把人家姑娘挡了回去。

刘亦菲迅速回应：在我眼里，弹钢琴的跟弹棉花的没什么区别。

某媒体曾经做过一期郎朗和爸爸的互访，郎朗问爸爸："想要一个什么样的儿媳妇？"

郎爸答："一定要找个非常懂事的人，我和你妈为你付出了这么多，最后（你）找一个不合适的媳妇，不是个败笔吗？"

郎爸还有一句名言：将来如果有了儿媳妇，她当然都得听我的。

你是我的，你的琴是我逼着练的，你的成功是我的，所以——你的媳妇，当然也得听我的。

这个逻辑，在朗爸看来，铁板一块。

如果郎朗不小心找了个"不合适"的媳妇，那是朗爸的"人生败笔"。就这么简单。

看了这些话，我不知道你的感觉怎么样，对我来说，再大的"成功"我也不想要了，因为，不得不替别人活的人生，才是"失败"。

第二个"八卦"是关于大提琴音乐家马友友

——你做出的选择是为了孩子，还是"你以为"是为了孩子

马友友是古典乐坛的宠儿，也是最受争议的叛逆者。他获得了十五个格莱美大奖，却一直拒绝登上领奖台。

他四岁开始练大提琴，九岁进入正规音乐学院学习，却在十七岁的时候，因为和同为大提琴演奏者的初恋女友吉儿的感情变故，从茱莉亚音乐学院辍学。

院长握着他的手不解地问："为什么要让自己的音乐理想湮灭？"

马友友的回答很简单："我觉得现在的自己没有资格继续做一个音乐人，我迷失了太久了。"

马友友放弃大提琴，考入哈佛，转修人类学。却在哈佛意外遇到学习数学的吉儿。

因为吉儿，马友友在四年后重拾大提琴，为吉儿举办了一场独奏音乐会。从此，两个人成为音乐伉俪，生儿育女，在马友友因为融入很多现代音乐而遭到传统音乐界的指责时，也是吉儿的支持，让他在困难中挺了过来。

神童如马友友，也会因为迷惑离开大提琴，又因为激情重新拾起琴弓。就像我们在面对困难时，有时也会选择先歇一歇，做个"马杀鸡"，吃一顿大餐，然后再重新积聚力量，听从心的召唤，找回真爱。

这个时候，如果有人逼着你必须"迎难而上"，马不停蹄的时候，你会做出什么选择呢?

就像是,如果马友友在哈佛的四年中,他的艺术家双亲,用权威和(朗爸的)药片,逼迫他继续练习大提琴的话,他的人生会怎么样呢?

谁也不知道,就像"如果明知道逼着孩子学钢琴一定会带来成功,那这么做到底对不对"这道题一样,并没有正确答案。

每个人都会做出自己的选择。重要的是,你做出的选择是为了孩子,还是"你以为"是为了孩子。

CHAPTER 7

周星驰的鸡腿情结

写这篇文章时，周星驰的《美人鱼》热映，票房已超20亿。

这个陪伴过一代人青春的男人，擅长用卑微的主角唤起你心里那个小人物的共鸣。

看的是喜剧，品出的是悲哀。

大家都说星爷有"情怀"。其实，电影里的每一个男主角，都是他自己的人生写照。

从单身母亲带大的穷困窘迫的孩子，到跑龙套被斥"像一条狗"的失意配角，最终成为呼风唤雨的星爷。贫困而缺爱的童年，是一切的源起，也是最终的目的。

周星驰的鸡腿情结

在电影《美人鱼》里，邓超扮演的年轻富豪在路边的烧鸡摊上吃着廉价的烧鸡，突然哭了起来。

他说，小时候家里穷，只能去外面捡吃的，直到有一天，爸爸捡到了一只鸡腿，他才知道鸡腿是什么味道。

"就是这个味道。"他哭着说，"我想爸爸了。"

我知道这只"鸡腿"是哪里来的，了解周星驰的人都知道。

这只"鸡腿"，的确跟周星驰的童年有关。

星爷在一次采访中提到：

幼时家境贫困，还有两个姐妹，每次吃饭妈妈总把肉夹给他，可每次他都会把吃剩下的肉放嘴里咬一遍再吐出来。更过分的是，有次他把妈妈省吃俭用特意买给他的整个鸡腿扔到地上，妈妈非常生气，忍不住打了他。

镜头一转，记者针对这件事采访周星驰时，他终于说了自己这么做的原因——他知道妈妈特意买了鸡腿给自己吃，妈妈自己不舍得吃肉。所以他故意把鸡腿弄脏，这样妈妈就不会再让自己吃，可是也舍不得扔掉，所以妈妈就能吃到肉了。

真相大白，母子二人抱头痛哭。

这份感动和深情，迟到了几十年。

虽然孩子的发心和妈妈的本意都是美好的，但是孩子扔了鸡腿之后的内疚，被妈妈打了之后的委屈，还有一力抚养三个孩子的单身的周妈妈那恨铁不成钢的怨，以及打了孩子之后的内疚，却真真正正贯穿了他们几十年的人生。

这些情绪，不可能不影响他们的相处，不可能不影响每个人的性格。大家都喜欢故事结尾误会澄清时的感动,我却总是惋惜他们没能用更好的沟通方式避免误会。

如果周妈妈不是打骂,而是用P.E.T.父母效能训练中的"积极倾听"去处理这个问题,也许这个感动的拥抱在鸡腿还没凉透时,就能发生了。两个人擦擦眼泪,你一口我一口地分吃鸡腿,也是你侬我侬的美事一桩。

如果用"给孩子买肉和鸡腿,他却总是扔到地上"作为问题去问家庭教育专家的话,也许会得到很多解决方法:

1.孩子不爱吃鸡肉,下次买猪肉或者鸭肉试试;

2.鸡腿不方便小孩子咀嚼,切成丝或者打成泥,和土豆混在一起,加胡萝卜炖半小时,装在孩子喜欢的那个颜色的餐具中;

3.孩子积食了,消化不好,喝点儿"蓝瓶儿的";

4.给孩子"有限选择":"宝宝,你想选择今天吃这个鸡腿还是明天吃呀?"

5.鼓励表扬:"你能一口气就吃掉鸡腿,真是个能干的孩子!"

6.爱的暂停:"如果你再把鸡腿扔在地上,妈妈就不喜欢你了,直到你捡起来才跟你说话。"

……

所有这些方法,可能真的都能纠正孩子"把鸡腿扔在地上"这个行为,但是这个行为的背后,孩子"希望妈妈能吃鸡腿"的原因,孩子"想要努力照顾妈妈"的这个需求，没有人看到，也没有人关心。

而且，也不可能真正纠正孩子的行为。

只要扔鸡腿，能让妈妈多吃几口肉，小小的周星驰会为了这个大大的对妈妈的爱，继续承受更多的委屈和打骂。

在这个故事里，周妈妈会因为孩子"把鸡腿扔在地上"打骂他，是因为她认为"把妈妈给的鸡腿扔在地上"的孩子，是坏孩子。

这是一个信念，也是一个标签。

"坏孩子"是需要教育的，所以打骂也是理所应当。

相信孩子内在有一个「需求」，而不是孩子「坏」

在P.E.T.父母效能训练里，我们从不给孩子贴标签，而只是针对孩子的具体行为来看，父母是不是接受。

因为我们相信，在每个父母不能接纳的孩子的行为背后，都有一个属于孩子的强烈的需求。

没有对错，也没有好坏，只是人之常情。

不同之处在于，有的孩子，在为满足自己的"需求"时，找的解决方案和我们想的都不一样。

在这个例子中，周星驰的需求是"照顾妈妈，让妈妈也吃到肉"，他的"解决方法"是"把鸡腿扔在地上，这样妈妈就会因为不舍得扔掉而自己吃了鸡腿"，因为以他对妈妈的了解，如果直接给妈妈，她是一定不会接受的。

相信他也曾经这么尝试过，但是失败了。

在生活中，我们会看到每天晚上睡觉磨蹭的孩子，内心的需求可能是希望能跟妈妈多一些相处时间，因为妈妈早出晚归，只有睡前能够短暂相聚，所以孩子再困也不舍得睡。

总是抢弟弟玩具的哥哥，内心的需求可能是希望得到妈妈更多的关注，妈妈每天给弟弟喂奶、哄睡、洗澡，但是自己却要自己做这些事情。每当自己抢了弟弟的玩具，妈妈都会过来"教训"自己，正好有机会跟妈妈要要赖，说说话。

下雨天坚决不肯穿雨衣的小朋友，可能是因为上次穿了这件雨衣被小朋友笑话样式老土，所以这次宁可淋雨感冒，也不肯再穿。即使妈妈强迫他穿上，一出门就自己偷偷脱掉。

……

孩子有丰富的内心世界和相对贫乏的语言表达。

当他们执拗地坚持他们自己找到的"解决方法"时，总是会被爸爸妈妈当成"不听话的坏孩子"来教训。

没有人喜欢被贴标签，被教训。

所以，家长的责骂和惩罚会让孩子觉得很委屈，甚至引起反抗。

更好的做法是，相信孩子内在有一个"需求"，而不是因为孩子"坏"所以导致这个行为。

所以，不去评判孩子的行为，而是告诉他自己内心的感受，以及这件事对自己产生的影响，比如：

"你把鸡腿扔在地上，妈妈觉得很心疼。妈妈很辛苦给你买了吃的，你却不吃，妈妈很伤心。"

"你超过十点还不睡觉，还要求妈妈一直陪着你，妈妈没有办法做自己的事情了。如果妈妈睡得晚，明天会很困，影响工作。"

当孩子知道家长对自己行为的不接纳，不是因为"自己是个坏孩子"，而是因为自己的确影响了他们的生活时，可能会更愿意配合。同时，他们也了解到，家长的感受是难过的、伤心的，或者累、困，孩子会更加理解为什么自己需要做出改变。

如果我们能够不去责备孩子的行为，只是告诉他自己的感受和对生活的影响，距离我们能了解到孩子内心的"需求"就更近一些。

对于孩子的反馈，如果家长能够试图去了解和换位思考，而不着急改变和提出建议，我们就有机会一层一层剥开"熊孩子"覆盖在自己小小的需求外面那件"不听话"的外衣，一点点接近事情的真相。

如果真能被这样倾听和理解，如果能了解到自己的行为让妈妈感受到的伤心而不仅仅是"生气"，我想周星驰也许会愿意告诉妈妈自己想照顾她，想让她多吃点儿肉的愿望。

毕竟，能让我们每个人愿意说出心里话的，从来都不是责备，而是理解和接纳。

应该怎么对待孩子的情绪

周星驰在接受采访的时候，还提到过另外一件让他耿耿于怀的事：小时候跟爸妈出去逛街，想要玩具而他们不给买，但是他很想要，所以就闹着要，最后妈妈还打了他。

他觉得很委屈："你不买，还打我？"

已经46岁，身家过亿的周星驰，提到这件事的表情，俨然还是那个受伤的小男孩，在玩具店前委屈得想要流下泪来。

我相信，他的委屈不在于"家里穷，所以不给买玩具"，而是"我不但没有得到玩具，还挨了打"，身体心灵都很挫败。

穷或者富，都没有问题。

买，或者不买这个玩具，也不是问题。

问题是，如果不给孩子买这个玩具，<u>应该怎么对待孩子的情绪</u>？

如果当时父母能够看到孩子内心对玩具的渴望，没有得到玩具之后的失望，对这个渴望和失望，对孩子没有得到玩具的情绪给予更多的理解和接纳，父母不会做出那么决绝的举动，孩子也不会对这件事挂碍至此。

缺钱没关系，缺爱，很有关系。

可惜星爷的童年，缺钱也缺爱。

所以他在电影里造梦满足自己缺少的，却在现实中用冷漠换来众叛亲离和一段又一段没有结果的感情。

在谈到"无条件养育"的时候，经常会遇到的问题是"我不可能无条件接纳孩子，他做的很多事我都不能接纳"。

是的，无条件养育倡导的，并非"无条件接纳孩子的一切行为"，而是用一颗无条件接纳的心，去拨开迷雾，让孩子愿意跟你敞开心扉，告诉你他做这些行为后面的理由和需求；去感同身受地理解孩子需求没有得到满足时的伤心和失望。

当真如此，你会发现那些理由和需要，都是正当的、可爱的，甚至是美好的，都是你可以接纳的。

而那些需求没有满足带来的伤心和失望，在被父母"看见"和理解之后，就会如坚冰遇到暖阳，很快化为汩汩春水，流淌而去。

孩子小的时候，不懂得去表达自己的感受和需要。

所以家长要做出示范，去告诉他们自己的感受和需要，代之以动辄批评责备。

当然，如果周星驰的妈妈对他实施"无条件养育"，他的童年也许更快乐，却一定不是现在的这个星爷了。

至于你会怎么选，这就是另外一个话题了。

CHAPTER 8

如果孩子长大成为跟你一样的人，你开心吗

　　每次工作坊、微信课或者讲座之后，总有几个妈妈羞答答地围过来，问同样的问题：

　　"我的孩子胆子很小，见到生人不敢说话，在陌生的环境要好一会儿才能熟悉起来，到底应该怎么做，才能让他变得更外向呢？"

　　孩子"内向、胆小，在生人面前羞涩"，对父母很难说有什么具体而明确的影响，妈妈们希望孩子改变，更多的是希望改变孩子的性格或是价值观。

　　所以，我们很难对孩子发出一个信息，就像"你回家太晚妈妈还要单独给你做饭，妈妈觉得好辛苦"，或者"你在墙上画画，很难清理，妈妈觉得好麻烦"一样，因为自己的需求受到影响，所以要求孩子改变自己的行为。"内向、胆小，在生人面前羞涩"只是一种表现，导致这种表现的思想，看不见，摸不着，藏在孩子的小脑袋里。你没有办法把手伸进去，把这个想法拿出来，摆

弄一番, 把"内向值"调成30, 把"外向值"调成70, 然后再塞回去——虽然你很想。

调整孩子的价值观, 最有效的做法是做孩子的榜样

对于"如何让孩子变得更外向", 很多专家曾经给出建议。比如, 让孩子多接触陌生的场合, 给他报名参加演讲等, 进行磨炼。

有用吗?

有用, 也没有用。

当孩子"自己想要"变得更加外向, 但是缺少机会的时候。这样的锻炼, 能帮助孩子缓解紧张, 积累经验, 找到自信。

当"陌生的环境和人群"本身变成一个"熟悉的场景", 那么, 紧张和羞涩也迎刃而解。

但是, 当孩子自己并没有想要变得更外向, 而家长一厢情愿地希望孩子改变时, 没准备好的孩子在这些情境下的紧张、不适, 会让他更加确认这不是自己想要的, 甚至强化他的羞涩和内向, 最终他连试都拒绝再试。

那我们应该怎么做呢?

"对于调整孩子的价值观, 最有效的做法是做孩子的'榜样', 如果你自己是这个样子, 孩子自然也学到在陌生场合放松, 和陌生人交流自如。"我是这么回答那位提问题的妈妈的。

"啊? 让我在陌生的地方和那么多人说话? 那我可做不到!" 她大惊失色, 不假思索地拒绝了。

"可是你希望孩子做到?"

"呃, 是啊。" 那位妈妈的脸稍稍泛红, "我觉得这样不好, 我觉得人应该外向。"

"是什么让你觉得外向比内向更好呢? 这个观点是哪里来的?"

"这个问题我没想过。" 那位妈妈有点儿不开心了, 不再跟我说话。只是想去讨教一些 "教育孩子" 的方法, 却没想到焦点转移到了自己身上, 这的确让人不爽。

更加不爽的应该是她的孩子吧。他跟着妈妈的 "身教" 学到内向、谨慎, 却被妈妈的 "言传" 要求外向、活泼。

如此矛盾的要求, 如何实现?

如此矛盾的要求, 又是从何而来呢?

想让孩子变得更 "外向", 究竟是孩子的需求, 还是你自己的?

是孩子请求你的帮助, 想成为一个更擅长和别人相处的人?

还是, 你觉得孩子在陌生场合不够活跃, 让你没有面子?

孩子和别人交往时的不开心, 让你感觉到压力了?

如果孩子长大成为一个像你一样 "内向" 的人, 你会感到担心?

龙的孩子会飞, 凤的孩子会舞, 老鼠的孩子会打洞, 豹子的孩子会奔跑, 兔子的孩子吃青草。

这是真理，天经地义。

你最好喜欢自己的生活方式，并能身体力行地表现出这种生活方式带给你的快乐和价值

父母为人处世的方式，在一段时间里会成为孩子见过的第一，也是唯一的方式。

他们会把这个方式内化，作为自己的人生准则。

所以，省吃俭用的妈妈会有一个善于节俭的孩子。

认为工作是人生第一要义的爸爸，会有一个事业心很强的儿子。

善于为他人付出的妈妈，会有一个很懂得考虑周全的女儿。

无论你是一个拥有什么生活方式的人，你最好喜欢自己的生活方式，能够身体力行地表现出这种生活方式带给你的快乐和价值。

否则，你就是个反面教材。

省吃俭用的妈妈，反而可能会有一个奢侈浪费的孩子，因为他受够了从小在金钱上过于紧张、计较。

他不喜欢妈妈终其一生都不舍得给自己买一件新衣服。

他想要能够随心所欲地买到"自由"。

所以他买喜欢的衣服不问价钱，一买就买两件。

他去餐馆点的菜从来都只能吃一半，剩下的白白扔掉。

他希望能用不断的"买买买"弥补小时候失去的"富足感"。

但是，柜子和肚子满了，他的心却还是空的。

认为工作是人生第一要义的爸爸，也可能会有一个毫无事业心的儿子。因为他受够了小时候爸爸永远在忙工作，没有时间参加自己的生日会、开学典礼和毕业演出，在自己生病的时候也没时间去医院看。

他受够了自己有一个缺席的爸爸。

所以当他成为爸爸，他会反弹式地把更多时间、精力给孩子和家庭，故意轻视工作。

他希望能用对自己孩子的给予和陪伴，弥补小时候自己对父爱的渴望。

他的孩子得到了他，但是他的心还是空的。

善于为他人付出的妈妈，她的女儿从小目睹妈妈为了家庭付出牺牲自己，大到人生计划，小到晚餐食谱。自己的需求轻易放弃，为了满足别人的愿望。

所以，女儿可能会成为一个看起来自我、自私的人。

凡事以自己的欲望为先，不肯为别人着想。

她在用形式上的“自私”，避免重蹈妈妈“失去自我”的覆辙。

但是，她并不快乐。

看起来，是孩子的叛逆。

但是，稚嫩的翅膀终于飞不过沉重的命运。

最深的内心中，其实每个孩子都希望成为像爸爸妈妈一样的人。

不仅仅只有成为"跟爸爸妈妈"一样的人才会获得认同感，自己才能获得安全感。还因为小时候受到父母的影响根深蒂固，自己只懂得如何照做，却并不擅长成为另外一个样子。

当他成为跟父母相反的样子，会愧疚。

想到母亲的省吃俭用，奢侈浪费的孩子会感到内疚；

对比父亲的事业有成，以家庭为主的孩子会觉得自己没用；

相对于妈妈的体贴温柔，女儿可能无法坚持"无视别人的评价而只做自己喜欢的事"。

于是，很多孩子最终还是成为妈妈爸爸的样子——带着对他们的反对。

当行为上反对他们时，自己会感到背叛的内疚。

当行为上成为他们时，却会感觉到自己在反对自己。

自己终于成为自己不喜欢的样子，怎么办？

唯一能让自己觉得有希望的，就是让自己的孩子别再成为自己的样子了。

所以，他们一边"身教"着自己的人生范例，一边"言传"着对孩子的期待。

"我是这样，但是你不许这样，因为我这样是不好的。"成为一个源远流长的剧本。

所有的不快乐，都源于自己对自己的不接纳

大千世界，每个人都有资格成为不一样的形态。

外向的热情活力是好的，正如内向的淡定稳妥也是好的。

苹果树的甘美红润是好的，正如梨子的爽口多汁也是好的。

红玫瑰的娇艳妩媚是好的，正如白玫瑰的清秀雅致也是好的。

重要的不是你是什么样子的，而是你如何评价自己这个样子。

所有的不快乐，都源于自己对自己的不接纳。

当你发自内心地喜欢自己，认同自己，你只需要做好自己，就是对孩子最好的教育。

让孩子耳濡目染，看到你的生活方式，你的人生态度，以及你的生活方式和你的人生态度下的每一天，都过得多么快乐。

当你不喜欢自己的生活，不认同自己，你会很害怕孩子身上有自己的影子，随着这影子不可避免地越来越大，你着急地找各种教育方法和专家，询问如何把孩子培养为"理想中"的样子——带着你的恐惧和焦虑。

什么方法能真的起到作用呢？

当你看到孩子身上有你不能接受的人生态度时，试着问自己三个问题：

1.你不能接受的孩子的价值观，在你身上有吗？大部分是有的。这就像是照葫芦画瓢，没有对错。

2.你身上有的这个价值观,你自己接受吗? 如果你接受自己的这一点,就不会执着地要求孩子改变。孩子也得以用放松的态度去审视,自己来决定是否继续。

3.你身上的这个价值观,曾经被父母接纳过吗? 有时候深信不疑的"正确"或者"错误"并非来自自己的判断,而是"被教育"如此。所以对自己孩子的教育,也不过是以接力棒的方式传下去而已。

如果孩子长大成为一个跟你一样的人,你开心吗?

如果答案是不,那就先暂停"亲子教育"这件事,用最大的努力让自己成为一个对自己满意的人,一个快乐幸福的人,一个死而无憾的人,一个能配得上成为孩子的榜样的人。

这跟你的工作、学历、婚姻和性格如何都无关,只跟你怎么定义和评价自己的工作、学历、婚姻和性格有关。

如果答案是"是",那恭喜你。你可以永远都不用刻意做"亲子教育"这件事。你只需要做好你自己。

CHAPTER 9

养孩子不是抗日，
不必结成统一战线

家人之间能不能实现「统一战线」

据说，有了孩子之后，离婚率反而更高。

孩子，就像是《疯狂的石头》里面的大宝石，谁都爱，结果却是争来抢去，大打出手。

孩子把我们推到了家庭关系的旋涡中。

以前没觉得是个事儿的"家人间的差异"都体现出来。因为大家都把孩子当作最珍贵、最重视的，都想给他最好的。

可惜每个人对"好"的定义不一样。

婆婆认为吃奶粉是"对孩子好"，妈妈认为吃母乳才是；

爷爷认为追着吃饭是"对孩子好"，爸爸认为培养孩子自己吃饭才是；

爸爸认为孩子吃点儿糖没关系，妈妈认为为了牙齿绝对不能吃糖。

孩子成为引发"第一次世界大战"的"巴尔干火药桶"。

没矛盾的变成有矛盾了，本来就有矛盾的升级甚至激化。婚前没发现的老公的"三观不合"也都出来了。

孩子带来欢乐的同时，还有各种冲突。

当然，P.E.T.父母效能训练认为，冲突不是坏事。

有效解决冲突，对冲突双方反而是好事。

更重要的是，你如何解决和家人之间的冲突，对孩子解决和小朋友的争执，长大了解决和合作伙伴之间的意见不合，是一个范例。

一个很好或者很差，但却至关重要的范例。

我们本能地觉得，一家不能"两制"。在孩子教育的问题上，一定要有"统一战线"，这样有利于孩子的成长，也有利于家人的教育。

抗日是有统一战线的，还是跟日本人打了八年。

育儿要是想实现"统一战线"，恐怕要"打"一辈子。

统一战线如何"统一"？当然是向"正确"的那一方"统一"。

这不是问题。

问题是，什么是"正确"的？

像我们小时候被养育的方式那样吗？

那可不行！在很多人眼里，这简直成了"错误"的代名词。

听专家的吗？

专家那么多，教育方法琳琅满目，两个专家都经常吵起来。更何况，很多专家都是"正确一时"，未必正确一世。

比如"哭声免疫法"。几年前它还被当作"睡眠圣经"，马伊琍都用过的方法，现在大家避之唯恐不及，被指责为"毁了美国一代人"。

再比如"幼儿英语"。有的专家说"从小开始磨耳朵"，却也有专家说"尊重孩子自然规律，七岁之前什么都不要学"。

凡此种种，不一而足。

虚假的统一战线：脉络清晰的虚伪养成之道

其实我们在育儿中，发生争执的原因，大多数不是清晰可辨"对错"的，而是我们主观上能不能接受。

比如孩子想吃糖。妈妈觉得对牙齿不好，最好永远不要给孩子吃糖。吃一块就想吃两块，吃一次就想吃两次。所以一次都不能给。

爸爸却觉得偶尔吃一块糖也无所谓，大过年的，可以有点儿"优惠政策"。

于是，这块糖就成为糖衣炮弹，成功地引发爆炸。

刚开始的时候总是就事论事的，但是三句话不离"主旋律"，很快就会牵出"上次我想吃西餐你没带我去，你还忘了结婚纪念日，你根本不在乎我，我嫁给你就是个错误"这些问题。

大家都懂的！

没有什么比夫妻吵架更能精准地演绎"殊途同归"了。

那些压抑已久的积怨，会随着每次吵架喷薄而出，所到之处，不毛之地。

吵得酣畅淋漓的时候，我们几乎忘了，门外或者身边，那个想吃糖的孩子还眼巴巴地等着结果呢。

他不关心到底谁在乎谁，结婚纪念日是什么，他关心的是能不能吃这块糖。

孩子看到的是争吵，以及权力的争夺。

于是他就学会了。

下次看到他和小朋友意见不一致的时候，自然而然地开口吵架。

别奇怪，因为这是他唯一学到的处理意见不一致的方法。

对他来说，唯一的选择就是安静地委屈地等着爸爸妈妈吵架，就像围观两只犀牛用角顶来顶去，最后依据输赢，决定战利品——地盘或者食物，归谁所有。

他就像一只小犀牛，乖乖地执行首领的命令，吃糖或者不吃。

作为吃糖的主体，除了服从命令，他没有权利。

无论如何，假设这个如履薄冰的虚假联盟已经结成了。今天吃不吃糖的问题，看起来是解决了。可惜超市里的糖还有很多，这个问题还会遇到下一次。

我保证每家的孩子都足够聪明，能敏锐地感觉到这个联盟的薄弱点在哪里，就像球星找到对方防线的漏洞一样，下次再想吃糖，长驱直入，一击即溃。

如果爸爸本来觉得吃点儿糖无所谓，但是迫于妈妈"统一战线"的压力，勉强同意"不许吃"。下次孩子在妈妈出门的时候跟爸爸要糖吃，爸爸正好借此弥补孩子上次没有吃到糖的遗憾，顺便也为自己在上次和老婆吵架时输掉"主权"挽回一点儿面子。

爸爸说可以就可以。儿子，吃吧！不过，别告诉妈妈，省得麻烦。

恭喜！

围观的小犀牛又学到一招——撒谎。

当和别人意见不一致的时候，首先吵架。如果吵架输了，就妥协，被迫同意对方的意见。但是私下可以继续实施自己的想法——但是要小心别被发现。

脉络清晰的虚伪养成之道。

标准的"当人一面，背人一面"。

如果有人担心，家人之间的意见不统一会导致孩子成为"两面派"的话，现在我们知道，被迫形成虚假的"统一战线"，才真的会造成这个结果。

很多人抱怨家人带孩子时会撒谎。比如偷偷去吃麦当劳，或者追着喂饭却说是自己吃的。

指责对方之前，可以问一下自己，对方为什么撒谎？是不是对你说了实话之后，后果很严重？

有没有必要后果那么严重?

让孩子学会说谎严重,还是允许孩子吃一次糖严重?

需不需要实现统一战线

我们都听过一些励志故事。

比如著名记者采访新闻人物,本来说好只给五分钟,结果聊了三个小时,推心置腹,也因此留下一篇传世的报道。勇于打破规则,善于取得别人的信任,我们称赞他有人格魅力。

顶尖销售,对不同的客户用不同的方法,投其所好,得到信任,并且最终卖出商品。带喜欢热闹的客户去KTV,陪喜欢音乐的客户去听音乐会。对这样的人,我们说他情商高,有智慧,有高超的销售技巧。

假设跟姑娘谈恋爱的时候,男孩问:我可以拉你的手吗?

如果回答是"不可以",有的时候是真的"不可以",贸然行事会被告"非礼";有的时候是假的"不可以",如果这次没拉手,她会在心里怪你没种。

1.如何判断?

接触不同的人,学习用不同的方法和不同的人相处,正是情商高的表现。

在工作中,和同事、领导的相处方式跟在生活中和死党的相处方式肯定是不同的。做闺女跟做儿媳妇的行为方式，也是不同的。

这些经验和智慧，都来自我们和不同人的接触，从不同相处方式学来的。

大千世界，异彩纷呈。孩子有权利接触世界的多样性。

有人在小县城，用跟父辈一样的方式过一生。有人探索世界，在亚马亚孙丛林里长大；有人认为自己享受生活最重要；有人从小立志改变世界……

所有的选择都没有对错，重要的是做出最适合自己的选择。

2.到底怎么选？

了解世界有多大，有多少可能性，还要了解自己擅长什么，喜欢什么。见识过，衡量过之后，才能做出最适合自己的选择。

正是孩子的爸爸妈妈、爷爷奶奶、姥姥姥爷、大姑小姨，所有这些性格和要求都不同的人，让孩子接触到世界的不同侧面。而跟每个人相处的不同方式和感觉，让孩子逐渐知道那些"因果"，那些付出和收获，然后慢慢摸索出属于自己的方向。

允许跟你意见不同的家人以他们自己的方式跟孩子沟通吧，允许孩子接触这个世界的多样。

是非标准从来都不是唯一的，在家是这样，在社会是这样，在世界也是这样。

身处"统一战线"、铁板一块的家庭中的孩子，从小只见过"唯一"，长大后会很难适应这个没有唯一的社会生活。

家庭意见不一致时怎么办: 孩子抗挫力的养成时机

回到冲突现场:

妈妈说不能吃糖，爸爸说可以，而孩子一定要吃。

吃糖的主体是孩子。

我们有没有可能，把球交回现场，抛到主人手里?

与其在观众席上像足球流氓一样，为了争球大打出手，不如把这块烫手山芋扔回去，轻松看比赛。

我们要做的只是不偏不倚、不卑不亢、不紧不慢地告诉孩子你的真实想法。

我们都太习惯于告诉孩子"修饰过的想法"和"调整过的事实"，所以当我们可以敞开心扉，跟孩子说实话的时候，反而不知道该怎么表达。

现在的情景，到底是什么?

"爸爸觉得你可以吃糖，可是妈妈觉得不可以，因为妈妈担心吃糖太多会对你的牙齿不好。但是，爸爸很尊重妈妈的意见，那你看怎么办呢?"

句句都是事实。

你一定是真的尊重妈妈的意见，不然早就直接把糖拿给孩子了。但是这个"尊重"被表达出来，让孩子听到之后，妈妈肯定非常舒服。

人一"舒服"就会变得更加友善。这时候，无论给不给孩子吃糖，家庭气氛都不会那么紧张了。

爸爸舒服了，妈妈也很舒服——不用为一块糖大打出手了。两口子关系好了，整个家都舒服。

且慢，现在有一个场地中央拿着球的小运动员不舒服了——他得努力把球踢进球门，为自己的需求负责。

这一点点的不舒服，对孩子是绝好的机会，学习和别人相处，学习自律，学习交流，学习创意性地解决问题，学习自己对自己负责，学习做计划，学习谈判技巧……

无聊的大人们，以为孩子能想出的主意不过是哀求，或者保证只吃一颗。

事实上，如果我们给孩子机会，他们有很多天马行空的创意呢：

我用这周玩iPad的时间来换。

我就舔一下。

我吃完了刷牙。

我用小红花跟你交换。

我学十个蛤蟆跳。

晚饭的时候我吃青椒和胡萝卜。

......

无论最后结局怎么样，这对孩子的思维都是很好的锻炼。同时，他可能还需要学习寻找盟友——拉拢爸爸去说服妈妈，学习用妈妈能接受的方式去沟通。如果妈妈同意了他的条件，他还要学习努力实践自己的诺言，这是在江湖上"混"的必备条件……

问题本来就是属于孩子的，当"球"被还给孩子，孩子就会承担起本该属于他的责任。

这正是"抗挫力"的养成。

我们都知道，球赛的结局并不重要。

一块糖背后，孩子学到的是如何带着尊重，心平气和地处理意见不一致，而不是争辩是非对错，大打出手，甚至上升到人格攻击。

社会新闻里，很多因为一块钱出了人命的案子，都是因为想要去分那个"是非对错"，而没有关注"如何解决"。

CHAPTER 10
当孩子大哭的时候，
我们应该怎么办

小树的案例——当孩子的需求没得到满足的时候，家长应该怎么做

无论因为什么原因，每当家里的孩子爆发出哭声，就像是一道红色警报，划破宁静的夜空。妈妈的情绪按钮仿佛瞬间被激发，温度从37摄氏度急升到爆表的临界点。

每当我们顶着变成十倍大的头，看着这个藏着巨大嘶吼能量的小人儿的时候，总是难免有一种无力感。就像慌忙上阵的消防员，面对熊熊大火。可就算是着火，也有消防栓可以用，而现在的我，到底要用什么东西才能堵住他的嘴呀？

硬着头皮上阵，我们惯用的有以下几种办法：

哄、夸、转移注意力、批评、漠视……

效果如何呢？

我们来看看，有一天在我家发生的一幕：

当时我正在书房看书，前一秒还充满嬉笑的客厅，突然传来小树撕心裂肺的哭声。

"跟你说了小孩不能玩插座，你非要动！看以后电着你怎么办！"这是姥爷的声音。显然，刚才的"战争"是姥爷带着小树一起玩的时候爆发的。

"哇——"小树哭得更厉害了。

"没事没事，小树不哭了哈！小树最乖了，乖孩子都不哭的。"这是老公的声音。正在做饭的树爸凑过去，试图通过"戴高帽"让小树以此"自律"。

不过一岁半的小树才不吃这一套，什么乖不乖的，我就要玩插座！小树爆发出更大的哭声，一口气倒了好久都没上来。

"小树，来，你看这个小汽车真好看啊！还能转圈呢，是不是？这是谁给买的呀？"这是我妈妈的声音。姥姥肯定心疼外孙了，赶紧拿了个玩具分散注意力。

"哇——"小树的哭声不仅没有停止，而且伴随着有东西掉在地上的声音。

"哎，这孩子怎么回事，为什么扔玩具啊！这是姥爷给你新买的汽车！"树爸又出马了，他全然忘了一分钟之前，他对小树的评价还是"乖孩子"。

"再扔，以后不给你买玩具了！"姥爷在旁边添油加醋。

我坐不住了,打开门走到客厅。小树哭得脸红脖子粗,被三个大人围住。姥爷坐在旁边手足无措。爸爸虎视眈眈准备阻止小树再扔玩具。而姥姥,正在反复地把红色小汽车往小树的手里塞。

小树一见到我,一边哭一边用小手指着姥爷,还不会说话的他,在用这种方式跟我"告状"。

"小树想玩插座是吗?"我抱住小树问。

小树的哭声奇迹般地停了。他撇撇嘴,委屈地看着我。

"妈妈知道小树特别想玩插座,姥爷不让玩,是不是?"我用手摩挲着小树的后背,带着同情的语气跟他说。

小树抽噎着,泪眼蒙眬地看向姥爷。

"小树想玩插座,可是姥爷不让小树玩插座,小树特别难过,是不是?"

小树低头,用他软软的头发蹭我的下巴,往我身上靠。我就势搂住他,紧紧地抱着他说:"妈妈知道小树没玩成插座特别难过,妈妈看见了。可是姥爷也是为了小树好呀,因为那个插座有电,很危险的,以后小树都不玩插座了,好不好?"

我捧着小树的脸,小树看着我,很郑重地举起小手摇了摇,代表"不玩了"。

妈妈走过来,拿着一个削好的苹果:"来,小树,吃大苹果!"

小树把脸笑成一个红苹果,上面还挂着鼻涕和眼泪。

我很低调地站起来，离开。心里的得意不敢让任何人看出来。我并不打算教育他们"别分散注意力，别否定孩子的情绪，说出他的感受是最重要的"，我知道那没什么用。

也许他们以后还是会用他们自己的方式对待小树的情绪，没关系，至少我知道应该怎么做。

但是，我偷偷回来写了这篇文章。我希望你们也知道，当孩子的需求没得到满足的时候，家长应该怎么做。

未必只有满足孩子的需求，才能让他止住哭声

先想象一下，如果我们自己在切菜的时候，不小心把手割伤了。虽然伤口不是很深，但是自己吓了一跳，腿都软了，而且伤口还挺疼。你把流血的手伸到老公面前："你看！"

这时候，老公可能有以下几种反应，我们一起来体会一下：

反应（一）

"哎呀，别净整这个，我刚才看见了，切了一下不是吗？不是还连着没断吗？你们女人就是娇气，赶快做饭吧，都七点了，孩子饿着呢！"

请问：你心里什么感受？

有没有想扑上去把他的手折断的冲动？最淑女的表现，也得是把动静整得更大一点儿，以证明自己"真的很疼"，并不是"娇气"吧？

反应（二）

"你看看，你看看，我跟你说切菜的时候当心点儿吧，大近视眼还不戴眼镜，早晚得切着！"

请问：你会是什么反应？

通常都会反驳："早晚切着你！要不你来做饭！我受伤了，你还说这种风凉话，我需要你来教训我吗？老娘不干了！"

反应（三）

"哎哟，流血啦！我老婆是女英雄，轻伤不下火线，带伤坚持做饭！佩服！"

请问：你现在会怎么想？

常见的回应是："虽然是被夸，怎么心里这么不是滋味呢？轻伤不下火线？这是夸我呢还是想让我接着做饭啊？"

反应（四）

"哎，怎么搞的呀！正好我刚买了你爱吃的草莓，来，吃几个！"

请问：你会如何回应？

大多数案例里见到的回应是："吃草莓没问题，但是咱们说的不是手的事吗？你倒是先安慰安慰我的手呀。你当我是小孩呢，拿草莓打发我！"

果然是"人言可畏"啊，上面的那些回应方式，不但让我们手上的伤没有得到安慰，而且心里也开始流血。本来只是切菜伤了手，但是眼看着一场家庭大战也在空气中酝酿了。

那么，如果对方是这样反应的呢："哎哟，切手啦，看你的样子，真的挺疼的是吧，还流了血。你当时一定吓一跳吧？幸好伤口不深。赶快歇一会儿吧！"

你的感受怎么样呢？是不是句句说到心坎里了？

擦擦手，撒个娇，贴个"创可贴"，抬头看看表，赶快回到厨房，有没有？轻伤不下火线的女战士嘛！

手受伤了，这个事实没有改变，但是对方的态度，却能改变接下来整个事情的发展。

就像在小树的那个例子中，不让他玩插座的事实没有变，但是当他的需求和难过的心情被"看到"的时候，他就不再像充满的气球一样容易爆掉了。

我们在有情绪的时候，最需要的就是——让对方看到我们的感受，理解我们的感受，接纳我们的感受。

这就够了。当我们被看到，被理解，被接纳，手受伤了已经不重要了，因为我们知道，我们是被爱，被理解的。我们是安全的。

其实，我们跟孩子一样，因为我们曾经也是孩子。我们要的，也不过如此。

但是，我们已经是几十岁的孩子，我们几乎忘记了，作为一个几岁孩子的时候，我们要的是什么。

我们因为不想听到孩子的哭声，不知道怎么面对"不能玩插座"这个事情，我们想让这个事情赶快过去，所以我们用的通常是小树的爸爸、姥姥和姥爷那几招：讲道理、淡化、表扬、转移注意力。

而孩子的感受，无一例外的，都是"不被理解，不被看到，不被接纳"。他觉得大人不能明白他内心的渴望以及情绪；他觉得每个人都在阻止他，忽略他的需求；他觉得所有的感受，都被否定了……

这个还不会说话的小可怜，唯一能做的，就是更大声地哭，并且扔掉姥姥递过来的小汽车。

孩子没有被接受的难过，从看不见的情绪，演变为看得见的动作。大人们也终于从无计可施，演变为对于一个看得见的"错误行为"的理直气壮的批评。

事实上，到底是谁不尊重谁呢？不允许孩子玩插座，难道连孩子为此感到难过都不允许吗？

当孩子正在兴致勃勃地探索世界的时候，忽然伸过来一只手，不由分说地抢走刚刚发现的玩具，孩子除了失望、苦恼，还能有什么反应呢？孩子都是活在当下的。我们只要接纳他的想法和情绪就好。

当他知道妈妈看到了自己的难过，妈妈理解自己的难过。他确认了妈妈对自己的爱，就不会再执着于插座，或者任何眼前的困难。当他知道事实无法改变，而情绪又能得到很好的纾解，很快，他就会去开发其他更好玩的事去了。

情绪是一种能量，但它能够流动。它能来，也能走。但是，如果被禁止表达，情绪就会在那个当下被堵住，积聚起来，等待再次被触动的时候，喷薄而出。

这就是为什么，当我们成年之后，有时候别人一句不经意的语言，一个不经意的行为，会大大地触动到我们。连我们自己都不知道，为什么会爆发出巨大的情绪的能量，而不小心"放上最后一根稻草"的对方，只能错愕地看着我们发飙，目瞪口呆地感叹："不至于吧？我说什么了？"

那一刻，我们只是回到不被允许继续哭下去的、伤心的小时候。

当孩子有情绪，或者需求没有得到满足的时候，我们要做的其实非常简单，看到他的需求，让他说出心里话就好。

这些，你做得到吗？如果你做不到，又是什么在阻止你呢？

这值得好好思考。

CHAPTER 11

跟野生动物学育儿

从某种意义上说，做一个动物的孩子，是幸运的。也许我们还可以跟这些最接近自然的伙伴们，学到更多做父母的艺术：接纳、亲力亲为、平等、自然、价值

最近看了一组德国摄影师Julia Fullerton-Batten最新的儿童摄影作品，深受震撼。

他根据历史上真实的"与野生动物一起长大的孩子"为原型而创作，并且详细地记述了他们的经历。

下面，我为大家复述几个有代表性的故事，让大家感受一下被野生动物养大的孩子，是怎样的。

图注：Lobo / 墨西哥 / 1845-1852
摄影：Julia Fullerton-Batten [德]

图注：Oxana Malaya / 乌克兰 / 1991
摄影：Julia Fullerton-Batten [德]

狼女孩的故事

1845年，一个用四肢奔跑的小女孩被发现。当时她正与狼群一起向一群山羊发起攻击。

一年以后，她又被发现与狼群一起吃一只山羊。她被人类抓住，但之后又逃跑了。

1852年，她被再次发现，当时她正在哺育两只小狼崽，但很快，她就跑进树林里。之后再也没人发现她……

生活在狗舍的女孩

1991年，Oxana被发现与狗一起生活在一间狗舍里。

当时她已经八岁了，跟狗一起生活了整整六年。

她的父母由于在某天晚上饮酒过度，把她遗失在了外面。为了取暖，不到三岁的Oxana爬进了一间农场的狗舍，与几只狗蜷缩在了一起，就这样她才得以活了下来。

被发现的时候，她的行为举止已经更像一只狗，而不是一个人类了。她用四肢奔跑，伸着舌头，呲着牙狂吠。因为长时间不与人类接触，她只会说"yes"和"no"两个单词。

Oxana现在已经三十岁了，虽然经过了基本社会常识和语言技能的加强训练，但是也只能达到一个五岁孩子的生活能力。她现在住在一间诊所，帮助医院的农场看管动物。

图注: Prava / 俄罗斯 / 2008
摄影: Julia Fullerton-Batten [德]

图注: Suit Kumar / 斐济 / 1978
摄影: Julia Fullerton-Batten [德]

被关在满是鸟笼的小房间里的男孩

Prava是一个七岁的男孩，他在一个狭小的两室公寓中被发现。

他跟三十一岁的母亲生活在一起，但是他被关在一个满是鸟笼的小房间里。

Prava的母亲像对待宠物一样对待自己的儿子，她既不打他也不饿他，只是从来也不跟他说话。Prava只能跟鸟交流。他不会说话，但是会学鸟叫，他挥动胳膊的样子也像是一只鸟在挥动翅膀。

现在Prava已经被送往一家心理关怀中心，医生们试图让他回归到正常人的生活。

被关在鸡笼子里的男孩

Suit从小被父母关在鸡笼子里。后来他的妈妈被确定为自杀身亡，他的爸爸被谋杀。

他的爷爷收留了他，但仍然把他关在鸡笼里生活。

他在路中间被人发现的时候已经八岁了，当时他一边像母鸡一样"咯咯"地叫，一边拍打着自己的胳膊。他啄食自己的食物，像"栖息"一样蜷缩在椅子上。

后来他被带到一个老年志愿者家庭收养，但是由于他非常好动，他被用被单绑在床上超过二十年。现在他已经三十多岁了，被营救出他的志愿者Elizabeth Clayton收养。

图注: Madina / 俄罗斯 / 2013
摄影: Julia Fullerton-Batten [德]

图注: Kamala / Amala / 印度 / 1920
摄影: Julia Fullerton-Batten [德]

从出生就和狗生活在一起的女孩

Madina从出生一直到三岁都是跟狗生活在一起的，与它们吃，与它们住，与它们玩。她被发现的时候没有穿衣服，四肢爬行，行为举止都像一条狗。

Madina的爸爸在她出生后不久就遗弃了她，她的妈妈整日酗酒，而且经常消失。当Madina正在跟狗一起啃地上的骨头的时候，她的妈妈可能正坐在桌子上喝酒。有一次，Madina跑到当地的一个广场，正常的小孩无法与她沟通，只有狗才是她最好的朋友。

一个关于「野生儿童」的著名案件

Kamala，八岁；Amala，十二岁。1920年，她们在一个狼窝被发现。这是关于"野生儿童"的一个著名案件。她们被牧师Joseph Singh发现，当时Joseph正藏在她们洞穴上方的一棵树后面，躲避野狼。当野狼离开洞穴之后，他看见两个人在向洞外看。两个女孩都面目狰狞，用四肢奔跑，看起来不像是人类。

Joseph不久就抓住了两个女孩。她们蜷缩在一起睡觉，除了生肉不吃任何东西，像狼一样嚎叫。

后来人们发现，这两个女孩的听力、视力以及嗅觉都极为灵敏。

Amala在获救后第二年就去世了。Kamala最后学会了直立行走，能说一点儿简单的语言。但是1929年，她死于肾衰竭。

看完这些案例，我们不由得感叹：这些动物，在育儿方面取得了多么巨大的"成功"啊！它们不仅让身体条件并不"符合标准"的"孩子"学会了生存技巧、言行举止、饮食习惯、交流语言，改变了他们的器官运作方式和能力，而且最成功的是，它们做到了很多我们人类家长想做而很多人都失败了的事——传承它们的价值观。

一个人，我们无可争议地以为会自然而然地独立行走，会喜欢人间烟火，会说话，会笑，会哭，会爱一个人，会生一个宝宝，用我们的方式过一生。在动物父母的成功教育下，他们学会了像狗一样用四肢奔跑；像狼一样吃生肉，连听力、视力和嗅觉都异常灵敏；像鸡一样啄食和蜷缩；像鸟一样鸣叫，并且能与鸟交流。

这个事实，让我的育儿观被深深地震撼。

"龙生龙，凤生凤，老鼠的儿子会打洞。"这句话，既对也不对。

对的地方在于，只要跟着龙、凤，或者老鼠长大，孩子就会毫无悬念地跟龙学会飞翔，跟凤学会舞蹈，跟老鼠学会打洞，无须担心，也不用刻意地"教育"。

不对的地方在于，即使不是"龙、凤或者老鼠"生的，仅仅是跟着它们一起长大，在潜移默化之下，别的动物的孩子，哪怕是万物之灵的孩子，也同样会学到相同的本领和生活方式。

这对为人父母的我们来说，是好消息还是坏消息？

对自己是"老鼠"，但是期待通过"教育"让孩子成为"龙或凤"的家长来说，是个坏消息。因为教育的力量仿佛很难改变"血统"，也无法超越"物种"。

而对一直在努力让自己成为"龙或凤"，而不是"望子成龙或凤"的家长来说，无疑是个好消息。因为我们终于可以不用再执着于"教育孩子"这件事，孩子的幸福和自己的幸福，仿佛不是非此即彼，而是一荣俱荣的关系。

这样真好。这些动物父母们，不曾阅读育儿书籍，也没有参加过工作坊，但是它们天然知道怎么做一个成功的父母。它们就这样若无其事地把人类的孩子"教育"成为同类。

说起来，大道至简，无非四个字：言传身教。

其实两个字就够：身教。

说动物父母没有言传，一方面是因为动物本身语言就很少，并不能传达很多具体的含义。另外一方面，因为教育的对象是"人"，彼此语言不通，所以也谈不上"言传"。

乍一看，动物父母和子女之间没有"言传"，仿佛是一种缺失，但是仔细想想，也许这正是他们的幸运之处。

一位狗爸爸不会指着奔跑的狼，要求小狗仔学习捕猎牦牛；

一位狼妈妈不会给孩子报"唱歌课外班"，让小狼崽学会小鸟的歌声；

一位鸡妈妈也不会每天一边打毛衣，一边念叨身边的小鸡不如隔壁凤凰飞得高。

它们只会要求孩子做到他自己能做到的事。甚至，它们并没有"要求"，它们亲身示范所有的事，它们先做出来，并且做好。如此而已。

然后，孩子们因为领会到这个本领的好处，所以自己主动去学习。学得慢的小动物，并不会得到贬损和批评，也不会被拿来和"隔壁的孩子"比较。学得快的小动物，也不会得到热烈的赞美和优越感，因为一切都是理所应当、顺其自然。

学得快和学得慢，对动物父母来说，并没有很大的不同。

孩子们在没有评判的世界里，在父母全然的接纳和允许中，自由自在地边玩边学，也许快，也许慢，也许好，也许差。最终，他们都能学会父辈的本领，独自生存。

而精于语言的人类的孩子就没有这么幸运了。因为有语言，所以可以不用顾及是否"腰疼"，而站着说话。因为有语言，所以可以对孩子提出超出自己力所能及的要求。靠想象力，而不是靠事实提出期待。

所以我们见到的爸爸妈妈，可以一边对自己的父母态度恶劣，一边骂孩子"进门从来不知道跟人打招呼，越来越没礼貌"；也可以一边眼睛不离手机地刷屏，一边念叨孩子"从来不看书，就知道打游戏"；还会在看电视、玩电脑，拖拖拉拉到了二十四点之后，责怪身边的孩子"跟你说过每天八点必须上床，你就是不听"。

跟"做"相比，"说"总是更容易的。说了之后，如果孩子做不到，那就是不听话，不努力，甚至藐视权威。

其实，不必说那么多。

如果希望孩子尊敬长辈，对自己父母孝顺，有理就够了。

如果你每天有专门的时间读书，孩子怎么会对阅读没有兴趣？

如果你每天八点上床睡觉，孩子到那个时候就困得睁不开眼了。

孩子身上的每一个毛孔，每一个细胞，所有看不见的触角，都在吸收着这个世界的信息，不断地模仿他们看到的，而不是他们听到的。

事实上，语言是非常无力的。

从心理学上讲，让一个人厌恶一件事最好的方法，就是不断强调这件事的重要性，不断要求他去做。

不是只有你有逆反心理，孩子也一样。

从某种意义上说，做一个动物的孩子，是幸运的。也许我们还可以跟这些最接近自然的伙伴们，学到更多做父母的艺术：

1.接纳

在我们对孩子的倾听中，最难做到的一件事就是沉默。

沉默代表的正是允许。允许孩子有这样的想法，允许孩子有这样的情绪。我们总是太容易开口去教育孩子"你应该上学，你应该吃青菜，你应该有礼貌"，我们根本不想听孩子"不想上学，不想吃青菜，不想打招呼"后面的原因是什么，就急着说出自己的判断。

也许正是我们的语言，打断了他的情绪，让他不想再跟你说出心里话。而动物父母们无言的注视，关爱的眼神，正是给了孩子最大的接纳。没有什么是"应该"的。孩子，你就"应该"成为你自己的样子。

我们都知道，父母是孩子最大的催眠师。正是我们对孩子每时每刻的评判，塑造了孩子的未来。很多孩子遭受到的语言暴力，也正是来自父母。

"你不是一个好孩子，你让妈妈伤透了心，你太笨了。"这样的语言就像一把把刀，把孩子钉在原地无法前进。

如果我们给出更多的接纳，哪怕是用沉默的方式，孩子就可以在土壤里恣意伸展，成为他们自己。

2.亲力亲为带孩子

爸妈亲自抚育自己的孩子，这听起来天经地义。从来没见过一头美洲豹用鲜肉的代价聘请另外一只美洲豹做自己孩子的"阿姨"，以便自己能腾出时间去捕猎更多的动物。也没见过一只小白兔是被自己的兔儿爷爷奶奶、兔儿外公外婆带大的。

每只动物都是亲自带着自己的幼崽，无论奔跑跳跃还是长途跋涉，它们就是那么自然地互相依偎着，一前一后，拉出长长的影子……

但是在人类中，很多妈妈只负责"生"这个动作，孩子的抚育却假手于人。有时候是为了更高的收入，有时候是为了更大的成就感，有时候……只是嫌麻烦，怕辛苦。

无论是在我做儿童沙箱的实际工作中，还是无数的心理学案例中，很多孩子在成长中遇到的障碍，都是源于<u>婴幼儿时期与父母联接</u><u>的断裂</u>。

具体说来，主要形式是跟妈妈的分开。有的妈妈把孩子送到老家让外婆帮着带；有的妈妈为了出国生二胎，把孩子留在了国内；有的妈妈和爸爸外出打工，过年过节才回来一趟……

她们这么做的原因，一定是出于爱，出于给孩子一个更好的生活的目的。但是孩子们感觉到的，是被遗弃，是亲情的断裂，是"我不够好，妈妈不要我了"。

对一个孩子来说，尤其是三岁前的孩子来说，"妈妈"是世界上最美好的一切。他不要那么多好吃的，不要更多玩具，不要以后能出国留学的资金，不要长大了能住上更大的房子，他只要妈妈。

对人类来说，这仿佛并不是件容易的事儿。至少，不如一只小兔子或者小狮子，更容易得到妈妈全天候的陪伴。

3.平等: 动物父母和孩子们是平等的

首先，动物父母们不会低看孩子。

小鸟从学会飞翔的那一刻就必须独自飞翔，不能栖息在妈妈的背上。小马从能够站立的那一刻就要开始练习奔跑，跟在爸爸的后面。

它们一起觅食，一起躲避野兽的追击，一起徜徉在大自然。一起经历日晒，一起淋雨，一起和同类争抢有限的资源。

父母对孩子也许会有照顾，但绝不会替代和包办。因为它们相信孩子们有这个能力，而孩子们，也的确是在所有这些活动中，得到学习和锻炼，成为一名合格的"成年角色"。

而我们人类的孩子，还用说吗？

能上硕士而不会洗衣服的，各种比赛第一但是不会和别人正常交往的……这样的例子太多太多。

如果不是父母的过度保护和替代，怎么会有这样的结果呢？

第二，动物父母们不会高看自己。

"我说让你报这个专业，你就要听我的，因为我比你多活三十年"，"这个男人不适合你，你马上跟他分手，我比你更知道你适合什么样的婚姻"……人类父母经常说出这样的话。

他们剥夺了孩子做决定的权利，更夸大了自己做选择的能力。

所谓平等，就是尊重对方是一个和我一样的存在，肩并肩同行，而不是你在我里面，我大于你。

4.自然: 动物父母给孩子的是最天然的

小熊妈妈从来不给小熊买那些精心设计的"符合孩子年龄特点的，有益智力开发"的玩具。它们只有一个大玩具，那就是大自然。

自然界的一切都是有趣的，也是优美的。小熊们和蜜蜂做朋友，看花朵绽放，在草地上打滚，用爬山锻炼身体。

它们有时候会经历风雨，有时候会美美地晒太阳。它们接受自然界所有的可能，没有好坏对错之分。所以无论外界如何变化，一切都是美好的。

而人类，几十万年以前来自非洲大草原的人类的孩子们，现在却连在小区里面玩一会儿儿童乐园的沙子，都被家长一声断喝"别玩土，太脏了"，然后被迅速地拉起来带走，丝毫不顾孩子委屈、渴望的眼神。

每次见到这样的场景，我都想问问，除了要给孩子洗衣服之外，家长还会有什么损失吗？

"玩沙子不卫生，孩子如果吃到嘴里会生病"，一定有人这么说。且不说真的吃了会不会生病（小树经常不小心吃到，还活着），即使真的有这个危险，回家先洗手不就好了吗？

"他们回家根本不洗手，上楼之前就会摸嘴。"

如果真的是这样，带一些湿纸巾，玩完沙子及时擦手，也可以呀。

"他根本不会听！"

"养成这样的习惯可不行。"

很多家长会这样说。

如果你说了让孩子玩沙子之后擦手，孩子不听，你再禁止他玩，可以吗？说到底，你们在担心的，到底是什么呢？

我们人类这个通过乳汁给幼体哺乳而得名的"哺乳动物"，却有很多人因为担心乳汁"营养不够"而让孩子吃奶粉，给孩子补充各种维生素添加剂。因为我们相信，我们靠五谷三餐一定是不够的。

我总是想给孩子更多、更"好"、更"非自然"的东西。但是那些真的比我们通过最原始、最正常的方法能给到孩子的更好吗？

5.价值: 动物父母传承给孩子的, 是最有价值的

我们给到孩子的"一颗永远流传的钻石"能帮他讨到老婆，让他买下市值上亿的公司，供他一生衣食无忧。

北京三环里面的房子能帮他养孩子，几百万的财产够他孙子花，这才是真正有价值的东西，不是吗？

作为一个动物，能传承给孩子什么有价值的东西呢？

动物妈妈传给动物孩子的东西，是在股市不会缩水的，是强盗抢不去的，是离婚也不需要分给对方的，是最有价值地融入身体的东西——生存能力。

豹子会捕猎，蜜蜂会酿蜜，蚂蚁会打洞，马儿能奔跑，这是它们的生存之本，也是它们生命的价值所在。

动物父母们通过沉默的示范，让每个孩子都学会出色的看家本领，而不是豹子留下一山洞腐肉，兔子留下一地洞胡萝卜。

动物父母们不累积财富，所以，所有动物孩子都是平等的。它们没

有富二代。

当动物孩子有了"本事"，它们的父母就能放心地离开了。

而当人类父母留下房子和钱，它们就能放心地离开了。

这真的是一种进化吗？

跟动物学育儿，看起来是一件很可笑的事，果真如此？

何止育儿，现在我们做的每件事，都致力于"向最先进的科技成果看齐"，跟动物学，仿佛是一种退化。

事实上，动物是最原始、最天真的，也是最符合自然的。

有时候，我们需要向前看，展望我们即将到达的未来方向。

有时候，我们需要往后看，看看我们是从哪里来的，又是怎么一步一步走到现在的。

所有现代科学的研究成果，不过是告诉我们回归天然的重要性。

CHAPTER 12

想要一个幸福的晚年，
先给孩子一个快乐的童年

你如何定义自己的人生是悲剧还是喜剧

有人说，如果顺利、开心的时间长，那就是喜剧。如果悲惨、难过的时间长，那就是悲剧。

是这样吗？换个问题。

你怎么定义一部电影是悲剧还是戏剧？取决于主角顺利、开心和悲惨、难过的时间比较吗？

话说，《红楼梦》里贾宝玉前八十回都是风流快活的贵公子，后四十回才"白茫茫一片大地真干净"，为什么这本书会被无可争议地定性为爱情"悲剧"？

因为结局。

一部九十分钟的电影，即使前八十分钟都是苦大仇深，受欺压，只要最后十分钟有个复仇反转，观众就觉得解气、痛快，然后意气风发地走出电影院。

如果反过来，前八十分钟浪漫、唯美，最后把主人公所有一切都夺走，观众看完电影三天后都胸口憋闷，喘不上这口气。

人生亦如是。

可以说，最后十到二十年，定下了整个人生的调子。

那么，晚年的生活质量受什么影响？

健康、财富、环境、社交……非常多。但是，对于中国人来说，最重要的也许就是"天伦之乐"，也就是"晚辈对你的态度"。

膝下承欢，其乐融融，含饴弄孙，家和万事兴……仿佛一切苦难都成了过眼云烟，有孩子们真挚的关心作背景音乐，闭上眼睛也能心无挂碍。

如果是"膝下承欢，其乐融融，含饴弄孙，家和万事兴"的反义词呢？你自己体会一下！

孩子长大之后对待父母的态度，又取决于什么呢

最重要的是两点：

1.你对待孩子的方式

孩子对父母的态度，取决于孩子和父母的关系。孩子和父母的关系，最直接的影响因素就是父母对待孩子的方式。

说明一点，这里说的是"孩子对父母的态度"，而不是法律规定的赡养老人这种显而易见可以规范的法律义务。是孩子和你之间，是不是有亲密的联结，彼此的关爱，深层的尊重。

我们看到的事实是，几乎所有在小的时候，曾经被家长用所谓的"权威"，也就是打、骂对待过的孩子，在青春期的时候都会表现出强烈的反抗。这就是所谓"叛逆"的由来。

其实，并非所有的孩子在青春期都会叛逆。叛逆更像是一种反作用力，曾经承受过的压力越大，反弹的力量也越大。而经历了没有压力的童年的孩子，在"青春期"会度过得自然流畅，一如以往。

在孩子小的时候，父母以权威、强迫的方式让孩子服从的时候，看起来，父母"赢"了战争，而孩子哭了一阵之后，生活归于平静。事情解决得不仅有效，而且高效，没有副作用。

这是很多父母最擅长的解决"孩子不听话"的方式。

事实上，孩子在遭到父母强迫时，所有的委屈、愤怒、屈辱、无奈、伤心等负面情绪，都作为一种能量，被深深地压制在潜意识中。

第二天，云开雾散，仿佛当事人都忘记了这件事，但是这些被压制的能量会随着孩子一起成长，当再次遇到类似的情景时被激发，或者在自己的身体成长到足够反抗父母的"强权"时，来一次大爆发。

随着孩子身体和思想的不断成熟，家长的逐渐衰落，形势发生了变化。

很多在孩子小时候耀武扬威的家长，会在孩子成年之后，逐渐露出颓势，直至屈从于孩子日渐增长的"权威"，变成一位驼背、弯腰、黯然神伤的孤单老人。

因为他们相信"谁更有力量，谁就能赢"，所以他们会打孩子。

因为他们相信"谁掌握资源，谁就能赢"，所以他们以"断绝生活费，没收手机"为要挟，让孩子屈服。

在他们眼里，"有力量有资源就能赢"是一个真理。真理是永远不会变的，可惜"力量和资源"的掌握者，会随着时间变化。

我们会看到，很多迷信权威的家长，老了之后气势很弱，甘于被孩子颐指气使。当初，他们认为当孩子没有力量和资源的时候，是不值得尊重的。所以他们也接受，当自己失去力量和资源的时候，也可以不被尊重。

风水的确是轮流转的，但尊重不应该是。

自尊自爱是天赋人权，无论年龄大小、力气大小，手里是不是握着别人需要的生活资源。

家长和孩子之间，犹如一场田忌赛马。

孩子小时，家长的能力和资源正是鼎盛时期。如果"战争"以此为标准，胜负分明。

当孩子进入青春期，家长开始走下坡路，此时双方势均力敌。

当孩子长大，家长逐渐衰老，"权威"一泻千里，不战而败。

以牺牲晚年的幸福为代价，去获取中年的一些满足，这真的得不偿失。在孩子小的时候使用强权去让孩子服从，会因此埋下叛逆乃至仇恨的种子，在几十年后会尝到反弹的力量。

几乎所有在青春期叛逆强烈的孩子，小时候都挨过打。

但是，不是所有青春期叛逆的孩子，都会在家长老了之后恶劣待之。有很多"浪子回头"的叛逆少年，随着成人、结婚、生子之后，幡然悔悟，体会到"舐犊情深"，于是回归家庭，对父母恭顺孝顺，让他们颐养天年。

那是因为影响孩子对待你的态度的，还有第二点——你对你父母的态度。

2.你对待父母的方式

身教胜于言传。

当孩子看到你对你父母的态度，几十年来耳濡目染，这已经作为一种价值观融在血液里得到传承。

当你们之间的力量相差得非常悬殊，他已经不需要用任何方式来证明自己的存在，不需要用事实告诉家长"我已经长大了，请尊重我"，不需要再矫枉过正地为自己争取决策权的时候，他会回归，会按照家族传承的价值观尽孝。

但是这个时候，孩子错过了美好的童年，家长错过了和睦的中年，两代人在家长的老年和解，虽然美好，却还是令人遗憾的。

我们本来可以避免这样的情况，从孩子的童年开始，彼此尊重，平等友爱，一路和谐地走到人生的终点。

"道理都明白，说起来很容易。谁不愿意开开心心地解决问题，可是你不知道我家那个熊孩子，不打他一顿根本管不了他……"

有多少人看到这里，脑子里出现这句话的?

究竟怎样才能不打不骂地「搞定」孩子

这个问题如果你有机会参加线下工作坊会了解更多。这里作为引子，先说两点吧:

1.在使用权威之前，先分清楚，究竟是为了满足你的需求，还是为了满足孩子的需求

"为你好"而孩子却不理解，这是我们使用权威时最常见的理由。扪心自问，很多时候我们需要孩子做到的，并不是孩子自己想要的。比如"不换上这件新衣服，就不带你去参加婚礼"，"不吃光碗里所有的饭，就不许出去玩"，"你要是再在地下爬，就打你的屁股"，"你今天必须下水学游泳，这有什么可怕的，哭多久都没用"。

所有这些，看起来是为了让孩子"更漂亮，更健康，更有规矩，学到更多本领"，但是在被你强迫的孩子的哭声后面，可能隐藏的是"我要参加婚礼时有面子，我辛苦做的饭倒掉好可惜，衣服弄脏了洗起来太麻烦，游泳课学费不能浪费"， 总之，家长的话必须得到执行。

小小的孩子身上，其实担着爹娘大大的需求。

2.在使用权威之前，先弄清楚孩子的需求到底是什么

孩子并不会反对父母，他反对的只是父母不理解他，强迫他做自己不想做的事。所以当你觉得他们胆大包天，不教训一下就不得了的时候，不妨先看看，孩子坚持的到底是什么。

孩子坚持不肯穿你买的漂亮衣服，可能是因为这个颜色的衣服曾经被幼儿园的小朋友笑话过，他怕没面子；

不肯吃饭碗里的饭，可能是没胃口，或者身体不舒服；

即使已经会走路，但是偶尔和地面亲密接触一下，近距离看看蚂蚁搬家，除了需要洗衣服，他没影响到任何人；

又或者，孩子眼前这个荡漾的泳池，让他想起小朋友说过的某件可怕的事情，或者游泳教练曾经对他很不友善，所以这次无论如何不肯下水。

孩子总是有自己的理由的，他们需要的，是身边最亲爱的人的理解和支持。

孩子不会没有原因地与父母作对，除非他们实在无法配合父母的要求。

说起来，其实并不复杂：尊重孩子的需求，允许他们做他们自己。

你曾经给过孩子多少尊重，这些尊重就会在孩子长大之后，回报在你的身上。

想要一个幸福的晚年，就请先给孩子一个快乐的童年。

事实上，如果孩子的童年是快乐的，家长一定也很快乐。

如果家长的晚年是幸福的，这对孩子来说也是一种幸福。

CHAPTER 13

每天只剩半小时的自由时间，妈妈该怎么分配

在比尔·盖茨夫妇2016年度的公开信中，分享了一组数据：

中国女性平均每天花费在家务上的时间是4.3小时，而男性平均是1.8小时。

我们不讨论"爸爸们都去哪儿了"，先看看妈妈们的生活到底是什么样的。

除去睡觉的八小时（我想大部分妈妈都不够吧），上班的八小时（很多妈妈都不止吧），剩下的时间只有八个小时。其中，上下班路上+吃三顿饭，最少三个小时。

所以，妈妈们将这仅有的自由支配时间几乎都花在做家务上了！

一言难尽啊！

眼泪模糊了我的双眼，擦一擦，我们接着聊。

无论你花在家务上的时间比4.3小时更多还是更少，从我们成为妈妈的那一天起，时间，就成为急剧减

少的稀缺资源。

我们被孩子、老公、父母、公婆，还有老板和同事，乃至孩子的幼儿园老师"需要"着，而这份需要，大多数都需要"时间"去陪伴，很难以其他方式蒙混过关。

很多时候，我真的希望生活能有一个"暂停"键，能按下去容我喘息几日，哪怕几个小时，就算是几口气也行啊！

显然我们没法主动去"分配"时间，而是被各种事务分配着，转个不停。乃至越转越快，晕头转向，最终很容易冲出轨道。

我们花了这么多时间，大部分是在"解决问题"，追在创意百出的"问题"后面，疲于奔命地"解决"它，应付它，对付它。就像在玩格斗类的电子游戏，一关一关地连续过，直到最后把自己扔到床上，已经筋疲力尽，对手却还在耀武扬威地叫着"再来一盘"呢。

其实，合理的时间安排，能够帮助我们更好地使用"时间"这种资源，把它投入到回报更丰厚的项目上，让自己"富有"起来。

也就是说，更加人性化的时间分配，能帮助我们预防问题，先发制人，把主动权掌握在自己手里，更从容地享受生活。

想要合理安排时间，需要注意以下几点：

1.活动时间

也就是全家所有成员都参与，一起进行某项活动的时间。

这是目前我们生活中占比最大的时间。比如吃饭、看电视、一起去公园等。它的好处是全家参与，可以促进彼此的关系，但是缺少深入的沟通。

2.独处时间

每个家长都不愿意对孩子发脾气，但是有时候就是控制不了。明明孩子没犯多大的错误，自己的一股邪火却冲着孩子发泄完了。看着小可怜的样子，自己也觉得后悔。

很多妈妈跟我说，仔细觉察一下就会发现，通常对孩子发脾气的时候，都是自己能量很低的时候，比如工作量很大的某天下班后，或者连续熬夜身体缺氧，又或者刚刚和别人吵了一架之后身心俱疲。

当我们自己本身感受到一些压力，回到家就像一个充满气的压力锅。这是一个安全的地方，我们知道自己可以放松一下了。于是，孩子一点点小小的越界，就会让我们砰的一声爆炸，以此宣泄累积的情绪。

发怒是会让人感觉自己有力量的，咆哮也的确有助于情绪的发泄。所以，当我们发了一顿脾气之后，理智会回来，状态也会变得更好。可惜晚了，战场只剩下硝烟弥漫。

主动且刻意地安排自己独处的时间，相当于定期给高压锅放气。

在这一段没有任何干扰，只属于自己的独处时间里，我们可以用任何让自己舒服的方式悠闲地度过。比如泡澡、看书、逛街、SPA……

独处时间会恢复我们对自己、对生活的控制感,让我们找回"做自己的女王"的感觉。

这种放松的、舒缓的、心无旁骛的对自己的关注,让我们汲取能量,恢复体力和精力。让我们有心、有力,去看到世界的美好,体会生活中因为太忙碌而错过的风景,品味那些微小而细腻的幸福。

如果被剥夺这种时间,我们会因为太忙,忙到忘了为什么而忙。感到迷失自我,找不到生活的意义,甚至对未来感到恐惧。

毕竟,生活不是用来"解决问题"的,解决问题本身,只是通向理想的一个过程。

也许我们在生活中,的确很难找到一段长期、固定的时间来自己做女王,但是仍然有很多妈妈,用有创意的方式把自己从"女佣"的状态中解救出来——哪怕只有五分钟。

比如,有人借上厕所的机会听音乐,看小说;有人在洗澡的时候洗掉灰尘和压力;也有人每天睡前十分钟,给自己一段冥想。

我自己会在出门工作的路上,屏蔽掉周围的人和声音,安静地让自己看看书、想想事儿。甚至,如果你在地铁里看到有人站着写日记,那可能就是我。

让自己做女王,并不真的需要一个宫殿,最重要的是心境。即使我们的时间和空间都很抱歉,一顶棒球帽也可以变成王冠。

《P.E.T.父母效能训练》的书中提到,有一个房子很小、孩子很多的家庭，他们会在特定的地方放一顶棒球帽。当有人想要"清净"一下的时候，就去戴上那顶棒球帽，闭上眼睛。家人看到后会接收到这个"让我安静一下"的暗号，暂时不去打扰。

在棒球帽的逼仄空间中，我们的思绪可以徜徉到蔚蓝海面，可以跳跃到未来世界。

让自己拥有一段独处时间，就像往"能量银行"里面存钱。

可以零存——每天都安排，但是时间稍短。

也可以定投——每几天，或者每周安排一次。

最好是在固定的时间，这样，可以在还没到来的时候就开始期待，让我们在平时更好地保持轻松状态。

我们的身体和潜意识对独处时间有本能的需要。即使我们不主动去安排，也会被制造出这样的机会，不得不和自己单独相处，比如——生病。

太久时间的压力和忙碌之后，如果我们不主动放松，通常会以这样的方式获得休息和调整的机会。

何苦呢？

3.一对一时间

所有我们在乎的人都需要与我们一对一的时间，使得彼此有时间、有机会去做出除了事务性之外的深入沟通，除了功能性之外的感情交流。这些深入的沟通和感情的交流，让我们的关系变得更亲密，于是那些事务性和功能性的对话，才得以更加顺畅。

(1) 和孩子的一对一时间

很多时候，孩子让父母头疼的行为背后，都藏着同一个需求。比如孩子早上磨蹭不上幼儿园，晚上睡觉前拉着妈妈不断地讲故事，大宝总是和二宝抢玩具，其实都是因为想要更多地和妈妈在一起，想得到更多的关注。

所以，和孩子定期、高质量的一对一时间，能帮助孩子确认父母的爱。而父母，也得以有机会了解到孩子近期的生活情况。

当孩子对父母的爱有了足够的安全感，他会变回乖宝宝。因为不需要用其他方式来把爸爸妈妈"抢回来"了。所以，这同样是"预防问题"，从而避免"解决问题"的好办法。

关于陪伴孩子，一定要记得，在这段没有干扰的时间里，让孩子做主。由此孩子可以有机会颠倒在成人世界里绝对的"受控制，很弱小"的关系对比，从而更好地建立信心。

(2) 和伴侣的一对一时间

和另一半每周或者每月出去约约会、看看电影，或者依偎在一起聊聊天之后，你会发现两个人对于孩子教育的分歧好像也没有那么大了，以前以为水火不容的三观其实也能水乳交融。沟通变得更顺畅了，因为感情变得更好了。

爱人之间，哪有那么多是非对错，更多的是交流太少，积怨太大。

伴侣之间，需要有持续的身体接触和思想交流，如果长期缺乏，我们也会被迫拥有这样的机会，比如吵架。

所以我们和另一半，"不做爱，就作战"。这是两种不同的主题，却是形式相同的"一对一时间"。

(3) 和父母的一对一时间

如果父母在帮你带孩子，或者彼此联系紧密，同样需要一对一时间，在一起聊聊彼此的近况，看看他们是不是有需要帮助的地方。

比起对待伴侣和孩子，我们需要更加细心地观察父母，感受他们的情绪。因为有时候，他们怕我们太忙，有困难也不会说，只有静下心来深入沟通才有可能了解。

妈妈们那可怜的业余时间，如果能够得到合理的分配，反而能够将资源升值。不但能避免很多不必要的"问题"，而且能提升我们享受到的时间的"质量"。毕竟，每个人拥有的时间是一样的，而每个人拥有的幸福感，却是云泥之别。

CHAPTER 14

为什么要跟孩子谈感受

孩子是通过感受，而不是头脑，
去跟这个世界沟通的

在P.E.T.（父母效能训练）工作坊中有一些互动环节，需要我们谈到自己的感受，比如：孩子的某些行为让你"感觉"是什么？或者，看到这张图片会让你有什么"感受"？

有一个爸爸在第一天结束的时候反馈说："您就告诉我怎么教育孩子就行了，别老让我说'感受'，我觉得婆婆妈妈的。"

这位爸爸说的话，特别有代表性。

中国人，尤其是中国男人，特别不愿意（其实是不擅长）谈感受。外国电影里面男女主人公在每天起床后、睡觉前，比咳嗽还容易地吐出的那句"我爱你"，对很多中国家庭来说，是比LV还难拥有的奢侈品。即使是在日常生活中，你花了一个小时，花枝招展地打扮好站在老公面前，问他"怎么样"，他可能要磨蹭五分钟，才给出一句便秘一样的"挺好"。

想知道他们的感受，是件很难的事，仿佛这方面他们天生欠费。如果我们的感受是七十二色水彩笔，他们的就是三原色。

然而，每个人都并非天生如此。

在我们小的时候，都是通过感受而不是头脑去跟这个世界沟通的。无论遇到什么情绪，我们都本能地直接表达出来。

家里来了客人，我们非常兴奋，会大叫大笑；

玩游戏摔倒，我们很疼，就会大声哭；

看到陌生人走过来，我们会紧紧地抱住妈妈的大腿，因为害怕。

这时候，家里人会怎么给我们反馈呢？

家里来了客人我们大叫大笑的时候，很多妈妈会说："瞧把你疯的！你别'人来疯了'，老实待着，别让人笑话。"

摔倒后很疼，大哭的时候，也许又会听到："男孩子不能那么娇气，有什么可哭的，还不赶快爬起来。"

看到陌生人抱紧妈妈大腿的时候，也许会被用力把手掰开："宝宝不怕，这是妈妈的同事，快叫阿姨好……你别躲啊，这孩子怎么这么没礼貌。"

当我们表达出来的感受总是不被理解，不被看到；当我们表达出来的感受，不仅不被理解，不被看到，而且被否定，被打压，被批评为

"不能、不该、不可以"的时候。我们渐渐地就不再去表达感受。我们会提前于父母的否定和打压，先对自己做出"不能、不该、不可以"的评价。因为这些，都不是一个"好孩子"该做的事。

只带着感觉"三原色"长大，人生仿佛也没有什么不妥。只是虽然自己一直在用头脑做出"应该"的选择，却仿佛没有感受到与之相对应的"应该"的幸福。

感受，就是潜意识的语言
——如何跟自己的潜意识沟通呢？

人类大脑的功能，分为意识和潜意识。

意识，就是我们用脑去思考、学习、逻辑分析和判断推理。

潜意识，就是我们发自内心的感受和需求。它虽然看不见摸不着，却一直在不知不觉中控制着我们的言语行动。

意识通过大脑来工作，潜意识通过心灵和身体来工作。意识就是负责告诉我们"应该"怎么做的部分，而潜意识是我们"想要什么"。

当我们头脑里知道自己在减肥，不该吃高热量食物，而身体和心理却发疯地想吃一块芝士蛋糕的时候，就是意识和潜意识在吵架。

通常谁会赢？

意识的功能占大脑的5%左右，而潜意识占95%。这就是为什么，我们通常会先把蛋糕吃掉，然后开始后悔和自责。

我们以为"我是这么想的，所以我这么做"，其实是"我想这么做，所以给它找些理由"。

冰山，是常见的用于形容意识和潜意识的例子。

露出海面肉眼可见的是我们的意识，而海面下体积巨大却不为所知的部分，是潜意识。泰坦尼克号就是因为没有探知它的存在，所以从爱情片变成了灾难片。

如何跟自己的潜意识沟通呢？

<u>感受，就是潜意识的语言</u>。仔细体会，现在你的感受是什么，那正是潜意识在跟你说的话。

对孩子来说，同样如此。当你对孩子无数次重复"你该写作业了"，而孩子还没有写的时候，他的意识就像你知道自己该减肥一样，知道该做什么。但是他的潜意识，在说"不"。

所以这时候我们再更多遍，更大声地说"快点写作业"，也不会有太好的效果。

不过话说回来，潜意识不只表现为阻碍你实现既定目标的东西，比如干扰你的减肥大计和孩子写作业，它同样也可以帮我们实现潜能。比如一个孩子对音乐非常感兴趣，一听音乐就入迷，家长即使认为影响学业尽力阻止，也不能让他离开音乐，一有机会他就会去学习，最终成为音乐人。

这样的例子比比皆是。这正是潜意识对我们的引导。所谓天才，正是追随了自己潜意识给出的暗示，用俗话说，就是"跟着感觉走"。

如何让孩子了解自己的感受

人类所有不快乐的根本原因，都来自意识和潜意识的矛盾。

所以我们要学会跟自己的潜意识沟通，看到它，理解它。对孩子来说，尤其如此。

我们都希望孩子长大幸福，而幸福本身就是一种感受，和所有外部条件都没有关系，就像你无法让塑料人感觉到幸福。

如果没有感受到幸福，就永远不会幸福。反过来说，从我们能提升自己感知幸福的能力，"感到"更多幸福的那一刻起，我们就身处幸福之中了。

当孩子能更好地了解自己的感受，他就有机会知道自己的内在发生了什么，从而找到原因，更好地和自己相处。

当孩子能了解到别人的感受，就能够更好地理解和体谅别人，从而更好地和别人相处。和自己好好相处，和别人也好好相处，这就是幸福的人生。

如何让孩子了解自己的感受？

当孩子有情绪的时候，别着急跟他讲道理，或者否定他的感受。试着感受到他的感受，看到他的情绪。

比如在超市，孩子想要一个玩具，你拒绝了他。孩子开始大哭。而你觉得非常没有面子，又很生气孩子耽误了你的时间。

在发脾气之前，先感受一下，他很想要这个玩具，但是最终没办法得到的那种遗憾、失望、委屈。看到它，体会它，然后反馈给孩子："你很想要这个玩具，妈妈不给你买，你觉得很失望。你真的太想要了，没能拿到这个玩具简直有点儿生气了。"

由此，孩子得以分辨这种让人难受的感觉，叫作"失望"或者"生气"。而当他的情绪被看到的时候，也会像河水找到出口，慢慢平息下来。事实上，这种看到对方的情绪，并且给予反馈的方法，是人本主义心理学中，临床心理咨询的方式。

以这样的方式被接纳、被回应的来访者，会得到很大的支持和慰藉，并且最终得到力量，去解决自己的问题。

如果我们能用这样的方法，去抚慰孩子一个个小小的"创伤"，当孩子感受到有人理解、接纳，就有力量去面对自己的问题。

孩子需要的不是安慰，不是道理，只是别人能理解自己的感受。

如果小时候的情绪累积没有被看到，没有得到合理的发泄，会卡在那里，一直积压下来。虽然表面上看不出来，但是以后遇到类似的事情，情绪按钮会被触动，引起大爆发。

所以有时候我们会看到，两个成人之间一点点小的争执，可能突然引发了一场情感大爆炸。吵了几句嘴之后，对方居然崩溃了。其实，正是借着这个机会，去发泄自己以前累积的情绪。而情绪累积的时间长了，没机会得到发泄的话，就会内化，从而形成所谓的性格。性格决定命运，也会影响到我们的身体健康。

如何让孩子了解别人的感受

我们就是孩子最大的"别人"。

当孩子做了让我们不能接纳的事情的时候，别着急跟他讲道理，或者否定他的需求。试着告诉他我们的感受，让他看到我们的情绪。

比如，当孩子想要一个玩具，你不想给他买。他开始大哭。而你觉得非常没有面子，又很生气孩子耽误了你的时间。试试不用发脾气的方法，而是告诉孩子，"家里已经有了两个一样的玩具汽车，如果再买一个，妈妈觉得浪费，会好心疼。而宝宝在超市里面大哭，妈妈觉得有点儿尴尬，而且如果我们一直不肯离开这里，就没办法及时回家做饭，妈妈非常着急。"

当孩子真切地知道你的感受是"心疼"、"尴尬"，以及"着急"，知道你不开心的真正原因并不是"你是个坏孩子"的时候，他会更加愿意配合妈妈。

因为每个孩子，都希望给别人带来快乐。

说了很多对别人怎么做，其实要想做到这些，最重要的是跟自己的身体联结，能敏锐地看到自己的感受，并且不压抑、不否定，接纳自己的感受。

　　说回到文章开始提到的那位父亲，他在工作坊上慢慢练习打开自己，倾听自己的感受之后。又一次课上，他说这周出差了几天，回家之后，儿子扑到他身上，告诉他"爸爸我好想你"。

　　那一瞬间，他说自己很感动。

　　是的，只有感受，会让我们感动。因为感受来自于心。

CHAPTER 15

学了那么多育儿法，
为什么「不管用」

"我学了很多育儿方法，觉得还是打，最管用。"

这是一个家长给我的留言。我认为他说的是对的。

如果我们把"改变孩子的行为"作为唯一的评价标准的话，打，的确是"立竿见影"的。每个人都有趋利避害的本能，如果一个行为会带来可怕的后果，那就不会再做了。前提是：打得动，打得赢。

每一个信奉"打，是最好用的育儿法"的家长，最后停止使用这个育儿方法的原因，大多不是主观上"良心发现"，而是最终，打，也不好用了。

因为，打不动了，家长年纪大了；打不赢了，经历过短暂的势均力敌，孩子最终总会在体力上超过父母；打不到了，孩子离我们越来越远，平时有机会就躲起来。上大学故意挑个外地学校，见面都难。

可见，"打"这个育儿法，也是有"有效期"的，最长截止到孩子十二岁左右。

毕竟暂时有用。所以，每一个倡导"不惩罚，不体罚"的育儿理念的老师，都一定会面对家长们的一个问题："方法我用了，但是不管用，怎么办？"

通常这时候，我会让他巨细靡遗地描述当时"到底是怎么用的"的一切细节，然后帮他找到使用这个方法的时候，一些不太准确和有待提高的部分。

但还是会有家长执着地问："我把书上的话，原封不动地说给孩子，为什么他还是不改变呢？"

的确，即使我们有的时候做得如教科书般标准，也未必会有教科书上的效果。

"后来我气急了，还是像以前一样打了他一顿，这才算结束。"那位家长说。

「感情」总是比是非和好坏重要

说句题外话。

如果一个联系不多的中学同学，想跟你借钱，你觉得，什么是影响他能借到钱的最重要的因素？

如果他QQ上跟你说"哎，给我点儿钱花！我最近遇上点事儿"，你恐怕是不会借的吧，还会觉得他可能是个骗子。如果他特意登门拜访，诚恳地告知遇到的困境，告诉你他是多么需要这些钱，并且承诺归还日期, 你更有可能会借钱给他吧。

这么看起来, 借钱的时候, 技巧和方法很重要。

那么, 如果是陌生人特意登门拜访, 诚恳地告知遇到的困境, 告诉你……恐怕还没说到归还日期, 你就要报警了。

再假设, 是你的闺蜜在QQ上给你丢过来一句"哎, 给我点儿钱花! 我最近遇上点事儿", 你可能会马上打个电话过去, 一方面确定信息的真实性, 一方面关心一下, 对方是不是遇到了什么困难。如果是真的需要, 通常会痛快地借钱给她, 还要嘱咐一句"需要帮忙就说话"。

那么如果是你人生中最恨的人, 巴不得他家破人亡的人(并非要诅咒谁, 只是举例描述一个恨的程度)特意登门拜访, 诚恳地告知遇到的困境, 告诉你……恐怕还没说到归还日期, 你就已经开心得不能自已了吧? 内心里的独白一定是: "有什么不开心, 说出来让大家开心一下!"

这么看起来, 技巧固然重要, 但是如果关系不够好的话, 技巧再好你也不会借。而如果关系很好, 技巧和方法就不在话下了。

所以, 你要不要借钱给别人, 最重要的决定因素是——关系。

不仅是借钱, 我们人生中的事大多如此。

那些自己明明是「对」的事件上, 为什么没有得到支持

以前, 我们总是以为, 人生中最重要的决定因素是"对不对", "该

不该"。我们执着于"这件事应该怎么做","到底谁对,谁对就应该听谁的"。

于是我们的人生充满了困惑,那些自己明明是"对"的事件上,为什么没有得到支持。

其实不是。

如果关系足够好,小伙伴逃学让我帮忙跟老师请病假,我也会去做,虽然我知道这是"错"的。

如果刚刚跟同学打了一架,对方的钱包掉出口袋,我也不想去提醒他,虽然我知道这是"对"的。

如果关系足够好,即使是江洋大盗也有姑娘愿意生死相随,亡命天涯。

如果看对方不顺眼,就算是高富帅、官二代、有车有房、海龟创业,也不会嫁。

"感情"总是比是非和好坏重要。因为我们是人。

亲子关系,同理。

如何营造更好的亲子关系

亲子关系好的家庭里,孩子会很容易体谅父母的感受,理解自己的行为给父母带来的困难,因而去调整自己的行为;

亲子关系不好的家庭里,孩子会无视父母的需求,在反复要求下才勉强配合，对自己的行为做出调整；

亲子关系很差的家庭里，孩子有时候甚至会故意做出让父母不开心的事。比如有些非常叛逆的孩子，因为知道自己学习成绩好，父母会开心，所以即使能完成试卷也故意写错，不让他们"得逞"。

可以想见，孩子平时受到的压力多么大，才会有这么大的反弹力。那么，如何营造更好的亲子关系呢？

1.不干涉属于孩子自己的事

我清晰地记得，几年前在朋友家看到他批评孩子喝饮料的时候咬吸管的尖刻和严厉，并且因此惩罚孩子三个月不许喝饮料。5岁的孩子在客人们面前很没面子。

但是我一直都想不明白，孩子喝饮料的时候咬吸管，到底是如何妨碍父母的。同时，如果咬吸管会遭到如此严厉的批评，那么万一孩子真的做了"错"事，又需要多几倍的严厉，才能让他意识到事情的严重性呢？诸如此类。穿什么衣服，看哪部动画片，学什么课外班，跟谁恋爱，这些属于孩子自己的事情，家长把决定权还给孩子，是最大的尊重。

2.当孩子的行为阻碍你满足自己的需求，不指责，不批判

当你回家已经很累了，孩子还缠着你玩，并不是因为他"不懂事，调皮"，而是因为他真的不知道你累了；

当孩子很晚都没开始写作业，别给他贴"拖拉、贪玩、不负责任"的标签，而是告诉他，因为你要确认他写完作业才能睡觉，所以他这么晚还没写作业，影响你休息了；

当孩子不想上幼儿园，别质问他"怎么这么麻烦，让人头疼死了"，而是告诉他，因为你要上班，所以他不上幼儿园你就没有办法去工作了。

总之，别轻易指责孩子，他所有看似"找麻烦"的举动，也不过是为了满足自己的需求而找到的解决方案而已。

你给孩子贴的所有负面标签，要么被他内化，成为对自己的认知，然后潜移默化地成为你标签中的那个人；要么引发他强烈的抗拒，成为破坏亲子关系的地雷。

3.当孩子和你的需求发生冲突的时候，尝试找到能让双方都满意的方法去解决，而不用权威手段逼迫对方

当孩子和你的需求发生冲突的时候，家长当然也没必要委屈自己。因为家长觉得不舒服，同样会影响亲子关系。

所谓"亲子关系好"，一定是你好我也好，大家好才是真的好。

当我们能做到这些，我们跟孩子的关系一定不会太差。在这个基础上，我们提出的大多数要求，孩子也会更愿意实现。

所以，即使那些提倡"尊重孩子，爱和自由"的育儿方法，在某些事情上真的"不管用"，但是它们能够帮助我们增进亲子关系，让彼此多了尊重和理解，这就是最有意义的"管用"。

毕竟，我们和孩子之间的关系，不是一城一池的输赢，一粥一饭的取舍，而是长期持续，终其一生的纠葛。

就像是，当我们想要借钱，我们跟对方的关系够好，同时又掌握了正确的表达技巧，那成功的概率就非常大了。

看到这里，可能一些有心的妈妈会提出问题——借钱的例子用在这里不合适吧？因为借钱的事是发生在两个独立平等的人之间，为了满足自己的需求请求对方帮助。这和父母跟孩子之间的"教育"是不一样的。

如果你这么想，我们就要来讨论一下，对你来说，"亲子教育"又是什么呢？

对孩子的控制吗？还是"天地人伦，理所应当"的"服从"？

真的对育儿持这种观点的人，一定是个从小吃过不少苦头的"孩子"。为了达到父母的"应该"，委屈了很多自己的"应该"。要不要把这种方式继续传递给孩子，是他们选择育儿方法的时候首先需要回答的问题。

事实上，我们需要孩子做出改变的那些事件，正是两个独立平等的人之间，为了满足自己的需求，请求对方帮忙。

不是自上而下的指责；不是权威对庶民的命令；不是领导对员工的批评，只是"妈妈累了，想休息，不能陪你玩了"；只是"你把玩具扔在厨房里，影响妈妈做饭了，妈妈觉得很不方便"；只是"如果你不上幼儿园，妈妈就没法上班了，这让妈妈觉得有点儿着急"。

孩子会报以对你的理解。就像是我们无论跟谁借了钱，迟早都要还一样。我们曾经给予孩子的尊重或者蔑视，鼓励或者打击，爱或者恐惧，迟早，都会回到我们自己的身上。

CHAPTER 16
究竟如何增强孩子的「抗挫力」

孩子从小到大的过程中，难免会生病，最常见的是发烧。

每当孩子发烧，新手妈妈会特别着急，认为孩子"病"了，要想尽办法退烧。

随着经验和知识的增加，慢慢地，我们知道，其实发烧是孩子动用自己身体的力量和外侵病毒的一种"斗争反应"，它不是病，只是一种"现象"。

换句话说，这场战争的输赢还没定呢。高温，正是孩子聪明的身体用来杀死病毒的一种方法，就像我们在战场上扔下炸弹。

后来，我们又知道，发烧其实是孩子增强免疫力所不可替代的途径。每一次发烧，孩子都像是经历过一次浴血奋战的士兵一样，手刃敌人，保卫自己，战斗力、意志力的数值都会飞跃式增长。

破坏孩子自我成长能力的正确打开方式

回到孩子发烧的现场，谁也做不到云淡风轻。

孩子平时水灵灵的大眼睛睁不开了，水嫩嫩的皮肤也黯淡了，跑来跑去的小调皮蔫蔫地趴在妈妈身上，像一个小火炉。吃不下，睡不好……

这个时候，每个家长的心都要碎了，比自己生病还要难受得多。恨不得能把这病转到自己身上，代替那么小的宝宝受这份罪。

回想在小树九个月，第一次发烧的时候，我，还有我妈，都偷偷哭过好几次。也许是新妈妈的荷尔蒙不稳定，我那时候有种暗无天日的感觉。看着一团滚烫的小鲜肉萎靡地窝在自己怀里，看着孩子因为鼻子不通，吃一口奶哭一阵，然后再吃、再哭，觉得人生都失去了色彩。

如果这时候，有人伸过来一个机器，告诉你：高科技研究成果，按下一个按钮，就可以代替孩子发烧生病，完全解除孩子身上所有的痛苦，立竿见影，手到病除，而且免费。

你会选择按这个按钮吗?

我得承认，那时候的我一定会按这个救命的按钮，花更多的钱也愿意。

说它救命，其实是救我的命。因为我脑子里也知道，发烧只是孩子正常的一种反应，不算重大事件，但是作为新手妈妈，却还是深深地遭受着焦虑和痛苦的折磨。

所以，与其说是为了孩子，还不如说是为了我自己。因为孩子舒服了，我才舒服。而孩子难受，我比他还难受。

如果你也跟当时的我一样，会选择按下这个按钮的话，那我们就会看到，破坏孩子自我成长能力的正确打开方式。

是的，孩子会在每次发烧之后，以我们看得见或者看不见的方式，增强内在的能力。而如果我们剥夺他自己经历这个发烧的过程，就剥夺了他增加免疫力、自我修复的能力。这反而是对孩子的伤害。

万幸的是，世界上并没有这个机器。所以，我们虽然"恨不得"代替孩子承受发烧的痛苦，但毕竟只是"恨而不得"，因此大部分孩子还是得以亲自经历这一过程，然后一点点按部就班地长大。

可惜，孩子的"势力范围"就只有自己小小的身体。除了生病之外，很多孩子几乎没权利亲自去经历属于自己的问题。

学走路的时候，不小心摔倒了，还没来得及琢磨怎么爬起来，旁边就有大手伸过来搀扶，同时嘱咐着"你别走那么快，摔了吧"。

自己穿裤子，两分钟没穿上一条腿，马上有人过来帮忙穿好，耳边响起"这么大了还不会穿裤子，弟弟比你小都会了"。

自己搭积木的时候，搭了好几次都失败了，急得坐在那里大哭，旁边家长会不耐烦地过来，一边帮忙搭好积木，一边叨唠："这么点儿小事，有什么可哭的呀? 你不是男子汉!"

和幼儿园小朋友打架了，家长一边埋怨"他打你，你就打他啊! 你怎么这么没用"，一边领着孩子去找对方家长理论。

上学之后，孩子到该睡觉的时候还没完成作业，家长心疼孩子，可能免不了帮忙完成作业，但是又觉得这样有点儿"惯着孩子"，所以再加两句"修理"一下孩子："做事情效率太低了! 你这么拖拉，以后什么都做不好!"

若干年后，这些家长就会成为那些在微信课和工作坊上，追着老师要"孩子不自律，不自信，不能独立解决问题"的解决方案的焦虑的家长们。

"遇到不如意的事情就发飙、失控; 遇到困难就回避、退缩，遇到问题马上寻求帮助，有的稍有不顺心就不做事……"她们这么说自己的孩子。

从能力上剥夺孩子亲自解决问题的机会，从心态上打击和否定孩子亲自解决问题的信心。

在事实和意识两个方面，把孩子的抗挫力扼杀在摇篮里，可谓万无一失，堪称完美。

"抗挫力"是美国宾夕法尼亚大学花费三十年时间的研究发现：在人生的挫折与困难面前，决定一个人成功与失败的关键在于一个人的Resilience（心理弹性能力，俗称抗挫力）。抗挫力犹如一套个人的心理自我免疫系统，不仅保护自己免受困难与挫折的侵蚀，还能提高生命的动力，以勇气与智慧去探索未知的世界。

简单来说，抗挫力就是我们面对挫折的能力。

浴火重生，还是遇火焚身，这取决于我们自己

抗挫力最近被提得很多，是因为越来越多的孩子出现自杀的情况。根据中国官方报道的数据，中国是世界儿童自杀率最高的国家。而这些自杀原因里，绝大部分都不是真正遇到"人生绝境"，而是在面对类似"考试成绩不如平时好，被老师同学误会"这样的情况时，孩子认为这就是"人生绝境"，无计可施，悲观绝望所导致的。

乍看之下，每次新闻中有孩子自杀的报道，虽然令人扼腕，但是毕竟是在遥远的地方，是不相关的人，我们自己的问题并没有这么严重。

事实上，自杀只是抗挫折能力缺失的长期累积的体现。而我们每个人的家庭生活中，是很容易受到抗挫力缺失的影响的。

我认识的一个老师告诉我，现在导致孩子学习成绩不好的原因，

很少是外界的事情，通常都是来自于孩子自身的意志和能力。

比如遇到难题就放弃，学习不肯努力，一点儿不开心就不去学习，习惯问别人答案而不是自己思考等，正是抗挫折能力缺失的体现。

事实上，抗挫折能力也是孩子长大后，决定他命运的重要因素。

著名的马斯洛需求金字塔，是他在追踪研究了爱因斯坦、林肯、罗斯福等改变世界的伟大人物之后，总结出来的一套理论。同时，他也提到，那些能够成为"人生赢家"的人，同样都具有以下特征：

1.能承受社会压力；2.将生活中的困难视为需要寻求解决方案的问题，而不是问责他人。

抗挫折能力分为两部分：

1.抵抗挫折的能力。

2.相信自己有抵抗挫折的能力，同时有勇气面对挫折。

简单来说，如果挫折是我们在森林里面对的一头熊的话——对，就是《荒野猎人》里面，小李曾经面对过的那头。

首先，我们要有足够的体力，能够与熊搏斗。如果太过羸弱恐怕无法实现。

其次，我们也要有相应的智力，让我们能够有机会赢过它。

但是，即使我们同时拥有体力和智力，但如果一见到熊，我们就吓得屁滚尿流，也就只有任熊宰割的份儿。

所以更重要的是，我们要有相信自己能够战胜它的信心，要有无论是否能够战胜，都奋起抵抗，与之搏斗的勇气，这才有赢的可能性。

也就是说，抵抗挫折，需要有真实的能力去处理它，也要有心理的勇气去面对它。两者缺一不可。

抵抗挫折的能力

抵抗挫折的能力来自于以往独自解决挫折的经验；

来自于摔倒后自己爬起来的过程中，体会自己身体的力量；

来自于自己穿衣服的过程中，感受四肢的协调感；

来自于自己搭建积木的过程中，体会力的平衡感；

来自于处理和伙伴的冲突时，学习人际沟通和解决问题的方式；

来自于辛苦地钻研学习难题的时候，融会贯通课上所学，并且摸索到最适合自己的学习方法。

这些，不但无法通过家长的包办代替实现，也无法通过家长的"说教、建议和指导"实现。因为那是你的经验，不是孩子自己的。

正如小李的爸妈未曾教过他如何与熊搏斗，也未曾教过他在寒冷的时候要躲到动物的尸体中取暖一样，他也不知道自己知道这些。

但是，在真正面对挫折的时候，我们会调动身体里所有的潜能去解决。

相信自己有抵抗挫折的能力

正是以往一次次摔倒了自己爬起来，自己学会穿衣服，自己最终成功地搭建积木，自己处理和小伙伴的矛盾，自己思考学习中的难题的成功经验，能帮助我们不断地建立信心，相信自己有能力去面对人生中的下一个难题。

我们的今天，正是我们的昨天决定的。

以往的失败会带来明天的失败。以往的成功，同样如此。

"我就是看着孩子靠自己无法成功，怕他失败了太挫败，所以才去帮他的呀！"很多家长都这么说。

比如孩子的确搭不好积木，急得号啕大哭。

这时候，如果我们去帮他快速搭好积木，孩子学到的就是遇到困难妈妈会帮我，有事找别人求助最方便。

而如果我们在帮他的时候，唠叨着"你不行，你怎么那么笨，这么点小事都做不好，就知道哭，不坚强"的话，就是在孩子对自己能力有怀疑的时候，明确清晰地告诉他："不用怀疑，你真的做不到，你需要别人帮忙才能做到。"

如果孩子内心的自信和意志力是"根"，那么解决问题的能力和行为就是在这个基础上长出来的"草"。

我们做着代替孩子解决问题的行为，说着否定他有解决问题的能力的语言，无异于"斩草除根"。

有的家长说："有时候孩子真的不知道怎么做才是'对'的，需要我们帮助。"

嗯！那么，"对"是由谁来定义的？

跟你一样就是对？反之就是错吗？

更何况，没有错，何来对？当孩子有机会去尝试各种处理问题的方法时，他才有判断对错的可能。

放手让孩子去"错"，允许孩子用跟你不一样的方法解决问题。你会发现，世界上"对"的标准并没有那么狭隘。

事实上，孩子目前面对的所有困难，他都有权利去做"错"，因为那个独立经历，面对、思考和寻找解决问题的方法的过程本身，才是最大的"对"。

把孩子解决他自己的问题的权利还给孩子吧

允许他面对自己的挫折，允许他大哭，允许他哭过之后，意识到问题还要自己解决，所以擦擦眼泪，坐起来重新想办法。

在这个过程中，我们并非是一个冷血的旁观者，而是一个坚定的支持者。

告诉他我们理解他的困难，我们懂得他的挫败，我们支持他们的行为，我们接纳事情所有的结果。这是孩子能够有勇气面对困难最大的动力来源。

就像马拉松跑道边，观众的加油声能够支持运动员跑出最大潜能的好成绩。但是，如果观众上场代替运动员跑步，这场比赛会输，两个人的人生也不会赢。

为了孩子，忍住满足自己的冲动

我们应该问自己一个问题：

当孩子搭不好积木急得大哭的时候，究竟为什么要去帮他呢？

因为心疼孩子哭？

因为听到孩子哭就心烦？

因为不忍心孩子感受到"搭不好"的挫败感？

因为如果自己不帮忙，会"不像个好妈妈"？

还是因为想显示自己的全知全能？

......

仿佛，没有一个答案是为了孩子，更多是为了缓解我们自己的焦虑。就像我想要按下按钮，代替孩子发烧一样。

为了孩子，忍住满足自己的冲动，可能是我们最需要做的事。

最后，回到发烧的例子：

其实，很多家长已经真的找到了"恨不得替孩子生病"的方法，去干扰发生在孩子身上的正常的现象，那就是输液和抗生素的滥用。从表面上迅速解除症状，却把真正的问题压下去：剥夺孩子自己疗愈的机会。同时，因为过度用药，破坏身体的免疫力，所以当孩子遇到真正严重的疾病时，这些常规手段反而失效了。

所以，无论孩子遇到的是发烧，还是属于自己的困难，请"手下留情"，把解决问题的权利，留给孩子自己吧！

CHAPTER 17

先给孩子找个好爸爸，
再给自己找个好老公

一个老公最大的「环境」就是他的老婆

今年父亲节的时候，我从老公带孩子的所有照片里整理出几十张，做成一个长长的专辑发在微信公众号上。从我怀孕的时候每天照顾我，陪着我产检开始，到孩子出生之后帮着洗澡、换尿布，再到孩子满了周岁，每天五点半早起陪孩子玩耍——让我补觉，带孩子打针，哄孩子睡觉，陪孩子玩，甚至每天做饭。

其间母亲节、我的生日、春节、情人节，他还要给我买花、送礼物。而且，最拉仇恨的是，他是一个人像摄影师，所以不仅把我们娘俩的生活照顾得很好，而且恋爱时的美照，自拍的创意婚纱照，有孩子之后的成长记录，都是保质保量地无限期供应，拍到烦为止。

这篇文章发出之后，从陌生粉丝到朋友圈好友，滚滚而来的羡慕、嫉妒、恨。大家都说我运气好，找到一个这么好的老公。关系远的让我"一定要感恩啊"，关系近的问我"何德何能"，自己不会做饭、不去上班，还被老公伺候得这么好。

她们无一例外地会提到自己的老公好吃懒做，连尿布都不会给孩子换，自己一个人要工作还要照顾孩子，与天斗，与地斗，还要与婆婆斗，与小三斗。而像我老公这么好的人，仿佛只在童话中见过，现实中从未遇到。

本来，我对自己找到这么好的男朋友，之后变成丈夫，然后是孩子的父亲，的确非常感恩。每天都很开心，也会一再对他表示感谢。

看到这些评论留言之后，就更加感到自己老公是稀缺资源，自己一定是前世修福拯救银河才得此厚遇，简直觉得自己有点儿德不配位，诚惶诚恐。

然后，忽然转念一想——不对啊！

我的好老公，是我自己选的。那些在老婆嘴里"一文不值"的老公，不也是她们当初千挑万选，最终获胜的"种子选手"吗？

为什么有的种子长成大树好乘凉，而有的种子徒耗费阳光雨露却羸弱萎靡呢？

是环境的问题吗？

一个老公最大的"环境"就是他的老婆了。

"不不不，一定是种子本身的问题！"这是许多人的反应。

那么，当初是谁兴高采烈地选了这颗种子，穿上婚纱发誓要跟他"生死与共，白头偕老"呢？

我们当初都干了些什么
——成功淘汰一个好老公的正确姿势

回想当初，我认识我老公的时候已经三十五岁了。在三十二岁的时候，我经历了一场刻骨铭心的失恋，人生自此改变。我开始自我成长，也开始写书。等疗完伤，开始相亲的时候，我已经是冬天的扇子，夏天的隔夜西瓜，仿佛怎么都卖不出好价钱了。

在我面前的几条路，要不是有交往障碍的老处男，要不就是离婚之后的二手男——没准一不留神还得给人家当后妈。这辈子所有白百合般的浪漫肯定会终结于每日白米饭般的沉闷，了此残生。

周围的亲戚朋友也很想帮忙，他们问我有什么条件，问我对身高、体重、学历、工作、薪水、房子、车子、籍贯的要求。我说这些都无所谓，但是我要他有生活情趣。

大家都笑了，笑我幼稚。他们说你都快四十了，怎么还飘在天上？这是结婚，不是爱情小说。他们说我的要求太难了，比要求房子和车子还要难得多。

我也在婚恋网站注册过，所有他们列出的条件我都觉得无所谓，但是我想要的"有生活情趣、善良、热爱生活、智慧、豁达"却没有地方可以勾选。

以我三十五岁的高龄，坚守着"有生活情趣"，无论收入、职业、籍贯、车房的择偶标准，对很多人来说，这不是理想主义，也不是乐观主义，这是天真、幼稚、不切实际主义。

尽管如此，当一个朋友给我推荐这个"身高不到170厘米，家在农村，收入不稳定，没车还在供房"的相亲对象时，我还是犹豫了一下。但是考虑到"摄影师"通常有一双善于发现美的眼睛，所以与"生活情趣"算是正相关的时候，我还是欣然赴约了。

那天相亲的路上，我们分别先后路过同一棵丁香，都给它拍了照片。见面之后，拿出手机，发现屏幕上是同样的丁香画面。我突然意识到，我坚持了三十多年想要找的"有生活情趣的人"，终于出现了。

我们是街上熙熙攘攘的人群中，为数不多的，会驻足在丁香树前面，闻它的香味，给它拍照的人。

一年之后，我们结婚了。

茶余饭后，会聊到各自的前任。

他说他交往七年的前女友虽然很爱他，但是因为他的种种不足，所以迫于她母亲的压力，一次次跟他分手，又一次次复合。最后终于按照家里的意愿，找了一个博士结婚了。然后，又离婚了。

他说他也曾经在婚恋网站注册，他有很多次看中了心仪的对象，给对方写了信，点击"发送"却无法成功，因为对方限定了身高，低于标准的人，连给发信都会被拒绝。他说那一刻他觉得很挫败。

那一刻，我真正觉得感恩。

感恩她，还有她们，因为身高、籍贯，因为"他没有电脑在网吧上网"，因为他在北京没有医保，因为各种奇奇怪怪的原因，她们放弃了他。所以我才得以在他四十二岁那年，找到他，并如获至宝地带回家。

所以，我才得以被这么多人羡慕，有一个好老公。

「不足」和「努力做好」之间，没有任何关系

也许，在一边抱怨老公一边羡慕我的人中，有一些正是因为当初对于外在条件的种种限制，所以没有机会接触到我老公，或者类似外在条件有"硬伤"但是不仅"实用"，而且越用越好用的这一类男人。

也许，这其中也包括他的前女友——找到一个有房、有车、有钱、工作稳定的博士，最终又离婚的她，终于得到了她想要的那些"条件"之后，她幸福吗？她满意吗？她会是那些抱怨自己老公，羡慕我的人之一吗？

需要强调的是，我老公对我好，绝不是因为他自己有"不足"，所以刻意讨好，试图弥补。君不见，那些失败的婚姻中，一无是处而且颐指气使、外遇不断的"渣男"比比皆是。

所以有"不足"跟 "努力做好"之间，可以说没有任何关系。

他们好，是因为他们本质就是好。

他们对老婆好，是因为他们的爱和责任，与条件好坏无关。

我想说的是，当一个苹果的外表有一些磕碰的痕迹，你还愿不愿意给自己，也给对方一个机会，继续品尝里面清澈甜爽的味道？

也许，你会果断放弃，去选一个外表美不胜收，却被农药浸泡，如同嚼蜡的水果。

当然，我并不是酸葡萄，世界上当然也存在无论外在条件和内在条件，无论外表还是内心都真正完美的对象可供选择。

不过，那时候就要看看我们自己，是不是有与之相配的条件。

当我们自己也不完美的时候，怎么选，幸福的可能性更大？

所以，想到这些之后，我更加感恩了。

我感谢老天给我们机会见面，更感谢我自己做了正确的选择，还要感谢那些没有选择他的女人们，把机会留给了我。

当我们自己也不完美的时候
——怎么选，幸福的可能性更大？

我知道尺有所长寸有所短，我知道人无完人，那么我是不是也是这样？其实在很多夜深人静的夜里，我会为老公的缺点失声痛哭。它们是不是依旧让我如鲠在喉，如芒再背，为了生活必须忍耐？

我知道，如果承认这点，会让很多人心里舒服一点。

可是，真的并没有。

我得说，他的所谓"缺点"，在某种意义上都倒戈成为优点，给他增光添彩，完美得让我措手不及。比如：

1.身高

我老公身高不到170厘米，这的确很难成为优点——如果不算能在某种意义上防小三的话。

但是毕竟，时间一长就习惯了，而且也不影响"使用"。生活中必须要不借助工具拿到170厘米以上的柜子里东西的机会并不多。如果我再告诉你，百分之六十的观众觉得他长得像张国荣的话，是不是更加拉仇恨了？

2.农村人

农村，而且是真正的农村，火车倒大巴再倒中巴的那种农村，对于北京乃至很多大城市的姑娘来说，是绝对不碰的死穴。究其原因，有的说怕家里七姑八姨的穷亲戚太多，自己家被占了便宜。有的说怕公公婆婆素质太低，处起关系受了委屈。

我得说，"农村"和"素质"，这两个词真的不是反义词。

北京、上海，大城市里的小市民公婆我见过太多。每天低头不见抬头见的蝇营狗苟，逼得人会发狂。

而我农村的公公婆婆，是我见过的素质最高的父母。

他们给孩子自由，给孩子尊重，给孩子需要的一切支持，却能在孩子需要独立生活的时候得体地退出。他们跟孩子要的很少，却为自己赢得了更多的尊重。他们做到了真正的"爱与自由"的教育，而这，并不是学习修炼的结果，而是因为他们本身就是优秀的人。优秀的人当然是优秀的父母，也当然会培养出优秀的儿子。

而我，正是这个"优秀的儿子"的受益者，怎么能不感恩。

正是他生活的一切过往造就了今天的他。

他在农村长大，所以亲近自然、天人合一、淳朴灵动、真实天然。他干过农活，所以身体素质很好。他吃过苦，所以不浮躁虚华。他有几个兄弟姐妹，所以有责任感，会照顾人。

正是因为他所有的经历，才让他成为今天的他。如果他从小生活在北京，条件优渥，备受宠爱，一定不是现在的他。

3.收入不稳定

他是自由摄影师，所以"收入不稳定"。"不稳定"的意思就是有时候多，有时候少。为什么不把目光集中在多的时候，并且努力变得"更多"呢？

结婚之后，通过我们的努力，我们依然收入"不稳定"，那是因为我们总是有意料之外的大额收入的机会。这种惊喜，比"稳定"地维持在一个不高的水平上，真是幸福太多。

因为我知道自己并不完美，所以知道自己肯定也会找到一个有缺点的人。

既然这样，我宁可对方的缺点都是"肉眼可见"的外在条件缺失，比如身高、籍贯、车房……这样，我可以自主评估损益，决定取舍。而不是选择"看起来很美"，但是缺陷在看不见的地方的人，交往多日终于发现之后，会有一种颠覆的感觉，杀伤力也会很大。

这就是用"身高、籍贯、车、房、年龄、学历"硬性条件筛选出对象，和以很多人看来不靠谱的"热爱生活、有情趣、善良"为标准找对象的区别。

虽然价值观很难了解到，会需要多花一些时间，但是相对于人生今后的几十年，即使多花几年去找一个合适的合作伙伴，也是值得的。毕竟"猪一样的队友"会毁掉整个家庭。

会不会是一个好爸爸，
是要不要接受一个人做男朋友的重要标准

前几天跟一个心理咨询师朋友聊天，她说有一个男孩追求她，她见过他的父母，也了解他的为人，所以相信他"会成为一个好爸爸"。

"啊？你们要生孩子啦？"我惊讶地问，他们认识还没有两个月。

"不是啊，我还没决定接受他的追求。"朋友回答。

"那为什么说他会是一个好爸爸？"

"因为判断一个人会不会是一个好爸爸，是要不要接受一个人做男朋友的重要标准。"

这是我听过的，最正确的婚姻观。

这也是在有了孩子之后，能避免看着人家晒模范老公，自己辛酸羡慕、累牍抱怨的最好的方法。

CHAPTER 18

看到自己的伤，是为了成长，
不是为了责怪父母

我很喜欢凡·高，疯狂的那种。

对，就是那个跟妓女结婚，被关进精神病院，割掉自己耳朵，生前一张画也没卖出去，几乎没吃过一顿饱饭，最后自杀的倒霉蛋——文森特·凡·高。

我看他的传记，买他的画册，临摹他的作品，看他的画展。我有星空和向日葵图案的雨伞、杯子、靠垫、杯垫、拼图、丝巾、笔记本、手机套和床单，还有泰迪熊博物馆里耳朵包着纱布的凡·高熊。这些都是了解我的朋友从世界各地带来给我的。

我一直不知道自己为什么这么迷恋他。

虽然我知道他也是白羊座，我们都热衷于浓烈的色彩，都对生活有巨大的热爱。

但是，这个理由仿佛不足够。

直到三十多年后的今天，我终于找到了答案。

看到自己的伤，不是为了责怪父母

最近一直在钻研戈登博士的P.E.T.(父母效能训练)，说是研究亲子关系，其实是通过孩子，看到自己，又经由自己，照见父母。整整三代人彼此的影响和循环，贯穿着摊开在眼前，脉络清晰地显示着所有的因和对应的果。

我能看到每个人的身不由己，也能看到每个人迸发出的自己的力量。我能看到每个人的伤痛，也看到每个人带着伤却依然前行的勇气。

我知道爸爸是爱我的，但是对他从小以权威的方式对我，却一直耿耿于怀。

爸爸从来不表扬我，无论我做什么。

拿98分的卷子回家时，会因为那两分被批评；拿58分的卷子回家时，他不会批评我——会打我。

爸爸对我表达爱的方式也是批评。当他看到我的房间乱了，他会帮我收拾屋子，但是批评我太懒；当我感冒了，他会给我买药，但是抱怨我不好好穿衣服；当我想要跟他亲近一下，他会躲开，所以我们之间，几乎从来没有肢体的接触。

我记得小时候，有一次爸爸说要带我去自然博物馆，但是出门前因为选择穿哪件衣服发生了争执，爸爸指着他选中的衣服说："如果你不穿这件，我就不带你去！"

上小学的我把脖子一梗："我就不穿！不去就不去！"

结果呢？

我们就这样彼此生着闷气，在家里待了一个周末。

这件事，一直被我记了三十多年，现在想起来还觉得堵得慌。

我觉得爸爸太拧了，太硬了，我对这个爸爸并不满意。

在我小的时候，会流着眼泪屈服，但是从青春期开始，我开始报复性地反叛。我不听他们的意见，自己做决定。

随着我的成长和成熟，我懂得越来越多。我越来越能证明自己的正确性。但是，我的青春期，仿佛一直都没有结束。

学习了很多个人成长和育儿知识，我更加知道爸爸离教科书上的"标准爸爸"的差距有多远。我能看到自己身上的那些低自尊、不配得、不自信、过分在意他们的评价，以及不够柔软、脾气火爆等。很多的问题，都是来自于小时候爸爸对我的态度。

后来，爸爸帮我带孩子，我看到爸爸非常爱我儿子，却经常满脸带笑地说出"不听话、坏孩子、越来越淘气"否定的语言。我能理解，这就是他爱的表达方式。

但是，在我听来，每句话依然刺耳，和我小时候他对我的批评，彼此如同回声般交织在一起。如果我能有一个柔和的、鼓励的、积极的爸爸就好了，我经常这样想。

几天前，参观凡·高的多媒体画展时，我犹如醍醐灌顶：

其实我喜欢凡·高的原因，正是因为他屡遭生活打击，却依然坚挺旺盛的、强大的生命力。

他就像是中了诅咒，生活甚至从未对他微笑。他的朋友，他的爱人，他的身体，一切都冷冰冰的。但是在这样的环境中，他却拥有如太阳般永不熄灭的热情，变幻出浓烈的色彩，恣意倾倒在用饿肚子的钱买来的画布上。

这种逆境中拍到谷底又昂然勃发的顽强的力量，压得越低，反弹得越有力的打不死的热情，就像是我，在对爸爸权威的叛逆中，不断累积，不断提升的能量。

通常，小时候被家长用权威对待的孩子，有两种。

一种是屈服，从此惧怕于所有权威的力量。

一种是叛逆，从此不断地想要挑战权威，证明自己。

显然，我是第二种。

我不断在用我自己的方式，向爸爸妈妈证明着自己有多好。

我独立、负责、孝顺。在三十二岁失恋之后，我顽强地从濒临崩溃的悲惨中爬起来，成长自己，收获真爱，并且用两本情感疗愈的书，给这门恋爱课画上了一个华丽的句号。

我从不怕挑战，我热爱挑战，我喜欢压力之下微微紧张和兴奋的感觉。我做很多新鲜的尝试，生活轨迹不断地变换，离我想要的生活越来越近。很多小时候不敢想的事情，都在自己的手里，一步一步地实现。我相信世界上有奇迹，我相信我自己能创造奇迹。

这一切，都是因为，我有这样一个爸爸。

他用他看似粗糙权威的作用力，让我收获了巨大的反作用力。

这可能比我仅仅依靠自己的力量能够到达的位置还要高。

因为我知道，在爸爸那些负面的表达后面，是他的爱。

想到这件事的一刹那，我感到一种非常通透的幸福感，堵在我和爸爸之间的那条通道，清澈通透。我有一种和爸爸联结上的力量。

我再也不想要一个"另外的"爸爸了。

首先，如果真的换一个爸爸，没人能保证一定比现在这个好。

其次，即使我真的得到了一个如教科书般标准、完美的爸爸，我也并不能确定，我的表现会比现在更好。

每个爸爸，对我们自己来说，都是完美的爸爸，都是最适合我们的爸爸。

家庭对孩子的影响再大，也大不过我们自己

平时做亲子教育，经常接触很多家长。有些人了解到家庭对孩子的影响之后，会抱怨原生家庭给自己带来很大的伤害。

我们学到的那些教育理念，仿佛让我们对父母的挑剔有了更多理论依据。

"我妈妈太强势，总是控制我，所以我才总是想控制孩子。"

"我妈妈从来就不懂得界限，所以我总是被她越界。"

"我爸抽烟喝酒，一吵架就打我妈，所以我童年非常凄惨。"

……

说到童年凄惨，恐怕很少有人能比过乔布斯和奥斯卡奖获得者查理斯·塞隆。

老乔是个私生子，出生一周就被亲生父母送人，寄人篱下。

而小查亲眼目睹妈妈枪杀了向全家人施暴的爸爸，十六岁就独自闯荡，肩负养家重任。

这样的童年，在任何一种育儿理念中，都是不可弥补的巨大创伤。

如果他们堕落，自暴自弃，怨天尤人，想必比我们都更有理由吧。

但是他们同样可以用自己的力量爬起来，不仅取得骄人的成就，更收获坚定充实的内心。

因为我们有的，不仅是爸爸妈妈，我们还有我们自己。

家庭对孩子的影响再大，也大不过我们自己。

当我们自己决定用积极的态度去生活，用美好的心去拥抱世界的时候，所有的伤口，都会开出娇艳美丽的花。

"没错，你受到的伤害来自于父母，你现在那些心理上的所有弱点和人格缺陷，也都来自于你的家庭，"我对那些跟我抱怨原生家庭的朋友们说，"那么，现在让你意识到这些问题的自省的冷静，让你开始想要自我成长的积极的力量，让你去思考人生的智慧的头脑，它们又是来自于哪里呢？"

"难道不是来自于我自己吗？"他们说。

"那你自己又来自于哪里呢？"我如是回答，"没有一对家长，对孩子的影响仅仅局限在正面，或者负面，那正是一枚硬币的两面。"

每一对家长，都是最好的家长。

让我们接纳他们对我们不完美却充满爱的表达。

CHAPTER 19

别再抱怨你为孩子做牺牲了，
那只是做选择

前几天看一个亲子类电视节目，孕妈妈得了一种非常罕见的子宫疾病，很难怀孕，而且怀孕之后要冒着生命危险接受手术才能保胎。最终孩子只有七个月就被剖腹生了出来，妈妈这才得以脱离危险。

整个节目荡气回肠地烘托母爱。最后，当播出宝宝顺利降生之后，主持人感动地说："等孩子长大，一定要把妈妈怀孕生产超过常人几倍的辛苦过程告诉他，让他知道多么不容易，以后好好孝顺妈妈。"

片中的老公也频频点头，说为了这个孩子，全家付出了很多，一定要给他讲这个故事。

而那个妈妈，抱着孩子泣不成声地说："这就是我的一切。"

镜头外面的我，倒吸一口凉气，杞人忧天地为这个孩子操心。

这个只会闭着眼睛大哭的小家伙还不知道，一家子大人已经给他准备好了一大笔感情债，等着他懂事之后要去背。

在他幼儿园淘气的时候，在他上学考试成绩不好的时候，在他选择大学的专业和家长意见不符的时候，在他挑的女朋友不合妈妈心意的时候……妈妈的辛苦和眼泪，会不会成为苦情戏里面的筹码呢？

妈妈的牺牲与孝顺，不应该是一种交换

孩子孝顺妈妈，天经地义。

但如果是因为"妈妈生孩子，额外付出了异于常人的辛苦，所以孩子要格外地孝顺妈妈"，总是觉得哪里不对劲。

这不应该是一种交换。

如果这件事的难度，超过常人几倍，妈妈都选择要去做，那究竟是为了什么呢？

通常是因为，做这件事的迫切程度非常大。

通常我们会对什么事情非常迫切呢？能满足我们需求的事。

也就是说，做这件事能给妈妈带来的幸福感，非常大。

每个妈妈选择生孩子的原因，都不一样。

有人生孩子是为了圆满自己的人生经历。因为觉得人活一世，各种身份、感受，都体验一下才值回票价。身为女人，有这个功能而不使用岂不是亏掉了。

那孩子就满足了我们经历丰富人生的需要。

有人生孩子，是为了创造一个生命带来的成就感。无中生有地创造一个生命，这绝对是世界上最有创造力的事情，如同上帝造人。

那孩子就给我们带来了这种无与伦比的成就感。

有人生孩子，是为了延续自己的基因和血脉。

当我们撒手离去，想到我们的骨血还不断地在这个世界上绵延传承，仿佛自己也没有真的离开。

那孩子就帮我们实现了在这个世界上的永生。

有人生孩子，是因为生活太无聊。到了这个年纪仿佛没有什么更有趣的事情能打发时间了。

那孩子就帮你找到了人生的价值。

有人生孩子，是为了留住老公的心。有一个凝结两个人血脉的生命存在，也许老公就算是为了孩子，也能多在家待几天吧。

那孩子就满足了我们对于家庭和睦的需要（至于效果，不是孩子要负责的）。

有人生孩子，什么都没想，是因为长辈要她生。妈妈、婆婆、爸爸、公公，天天碎碎念，仿佛真的"不孝有三无后为大"，不如生一个给他们，也算尽职尽责。

那孩子就满足了孝顺的内心需求。

有人生孩子，只是不想没理由地扼杀一条生命。虽然现在并非最合适的时机，但是如果就这样放弃，内心不会原谅自己。

那孩子就成就了我们做一个善良的人的愿望。

同理，生不生二胎，也是我们自己做的选择。

你当然是为了让孩子多一个手足，能够在这个世界上有更多的支持。对妈妈来说，给孩子多一个亲人，我们会更加认可自己，是一个称职的妈妈。甚至在很久以后，当我们离开这个世界的时候，心里会更踏实，了无牵挂。

在某种意义上，如果说"生二胎"是为了增加我们面对死亡的勇气，仿佛也不算过分。

总之，我们生孩子，是因为我们想生孩子，而不是因为孩子想让我们生他。

所以，我们生孩子，是我们自己的选择。

我们承受这个代价，是因为我们太想实现这个结果

我们选择生一个孩子来满足我们期待的需要，而他如我们所愿地做到了。

在这个过程中，我们也的确需要付出或多或少的代价。但是所有的代价，都是我们想要这个孩子的必经之路，是买一赠一，童叟无欺的。这个单，该由我们自己来埋，不是吗？

两害相权，取其轻。

如果做一件事情要付出的代价太大，大到超出这件事成功实现给你带来的好处，通常，我们会选择放弃吧？

如果我们承受这个代价，是因为我们太想实现这个结果。

作为一个母亲，否认母亲的牺牲，这个说法的确很颠覆。

但是，我这么说，真的是为了你好。

提到"牺牲"，你会想到什么？奋不顾身为国捐躯、忍辱负重、恬退隐忍、委曲求全为他人作嫁衣裳？内心的感觉呢？

委屈、挫败、不甘心、不被尊重，没有自我。

提到"选择"呢？当家作主、游刃有余、个人意志主动、自由自主权机会多多……

内心的感觉是主动的、掌控的、有决定权的，是满足自我的。

当我们把一件事，不再看成是自己的"牺牲"，而看成自己的"选择"的时候，也许你少了一些机会扮怨妇去哭诉委屈，但是收获的，是更加充实有力的内心。

如果我们生孩子，不是为了妈妈、婆婆、老公、孩子，而是为了满足我们自己的需求才做出的一个选择，那么面对孩子带来的所有挑战的时候，我们仿佛更加能够坦然接受。因为我们只不过是在为自己的选择负责而已。这是我们自己选的生活方式，不是吗？

所有的「牺牲」，不过是「选择」

不仅仅是生孩子，生活中的每件事都是选择。

一个朋友跟我抱怨，她生了孩子之后凡事亲力亲为，眼看就要升职的工作也辞掉了。白骨精变成家庭妇女，落差很大。

我问她为什么不重回职场。

她说把孩子交给保姆不放心，班也上不好。显然，在亲自带孩子和职场成就感之间，她选择了让自己内心更舒服的一条路。

一个朋友说，每周休息日都要带孩子去上亲子班，去公园，一点儿自己的时间都没有，觉得要发疯了。

我问她为什么不能每周留一天时间给自己。

她说本来平时陪孩子的时间就不多，一到周末，赶快带着孩子多出去玩玩。所以，相对于享受自己的放松时光，她更在意孩子得到的陪伴时间。至少这个选择，满足了她想"做一个好妈妈"的内心需求。

而为了孩子没有和出轨老公离婚的闺蜜，觉得自己几年来"忍辱负重"的生活是对孩子巨大的牺牲，其实也不过是她自己做出了"给孩子一个完整的家"的选择。在她看来，如果离婚，自己面对孩子时候的内疚感，胜过了离婚之后的轻松。

事实上，所有的"牺牲"，不过是"选择"。

当我们把这些"牺牲"视为"选择"的时候，我们会有一种翻身做主的感觉。原来所有我们迫于"没有办法"不得不做的事，其实都是为了满足自己内心的某种需求。

那么，我们的人生，其实还是我们自己来做主人。自己做主人，当然就要自己打扫房间。

自己做了选择，也难免自己承受那些副作用。

所以，我们其实不是在为别人打工，不是屈从于别人的意志在生活，而是我们自己的。这样想，是不是舒服了一些？

有人说，这不过是文字游戏罢了。无论是谁的选择，自己遭受的痛苦是真的。反正现在自己过的日子，不是自己想要的生活。

那你可能就要扪心自问，现在的你，是怎么走到这一步的？究竟是为了满足自己的什么需求，你做出了这样的选择？究竟是出于对什么的恐惧，没有勇敢地说出自己真正的需求？

把这个问题想清楚了，你就有机会再次做出选择。

永远有选择的机会，无论怎么选，总是能满足自己的某种需求，这么想来，这仿佛是人生中最乐观的一件事了。

CHAPTER 20

别用你的恐惧吓唬孩子

妈妈关键词: 恐惧

一位妈妈问, 每次去商场, 遇到孩子要买东西她就特别纠结。买了, 怕孩子要什么就能得到什么, 以后索求无度该怎么办。不买, 又担心如果要求总是得不到满足, 对孩子造成伤害会内疚。

"如果不买, 你会怎么跟孩子说呢? "我问。

"我就随便找个理由。"那位妈妈回答。

另一位妈妈说, 因为担心孩子不好好刷牙会有蛀牙, 所以从网上找了很多丑陋的蛀牙图片给孩子看, 告诉他如果牙坏了去看牙是一件很可怕的事, 很痛……

结果, 孩子的确每天战战兢兢地坚持刷牙。

幼儿园检查身体的时候, 孩子只有一颗轻微的龋齿, 在班里算是情况比较好的小朋友。但是孩子听到有坏牙, 如临大敌, 害怕地追问妈妈到底怎么办。

这时候，这位妈妈有点儿后悔，担心是自己"吓唬"孩子太厉害了，孩子压力太大。

"到底是谁害怕看牙，孩子还是你？"

这位妈妈承认，她自己特别害怕看牙，所以想避免孩子遇到这种情况。

以上两个例子里，妈妈的关键词都是一样的——怕。

因为怕纵容，所以变成权威。又怕太权威，有时候不免纵容。

因为怕坏牙所以吓唬孩子。又因为孩子真的害怕了，所以怕孩子有压力。

表面看起来，这个怕是对孩子未来的担心。再多问一句就会发现，更怕的是，如果孩子变成某个样子，自己会很恐惧。那远远超出了自己的控制能力和接受范围。

为了避免可能的"失控"，只能现在一遍一遍地把可能性扼杀在摇篮里。

趋利，避害。

这是每个人的本能，再正常不过。

放在亲子教育领域就会呈现出两种态度：一种是，相信并且帮助孩子成为更好的人；另一种是，担心以及恐惧孩子成为更差的人。

说白了，所有对待孩子的态度，无非两种：因为爱，或者因为恐惧。因为恐惧。就是担心如果某些事发生在孩子身上，超出自己的承受范围，所以尽一切努力避免。提前把那个令自己恐惧的结果告诉孩子，让孩子也对此变得恐惧，从而成功实现恐惧的转移。

当孩子因为感到恐惧，从而按照妈妈的要求去做，妈妈的压力得到了减轻。

在刷牙的例子里，是用看牙医的恐惧控制孩子。

在买玩具的例子里，是用控制孩子得到玩具，缓解自己的恐惧。

因为爱。就是心平气和地给出真实可信的建议，告诉孩子自己的担心，自己的希望。同时，允许孩子做他自己。即使最坏的情况发生，妈妈也能控制局面，依然爱孩子，也依然有勇气帮助孩子渡过难关。

妈妈关键词：爱

有一个妈妈的孩子是个乐高迷，面对孩子买乐高的要求，她会根据自己的判断，首先考虑努力满足。如果觉得价格接受不了，或者家里有相似的，就不买，并且和孩子说明理由。

一次，孩子要一个比较贵，而且需要预订的乐高版本。妈妈咬牙帮孩子预订了，但是当时拿不到。孩子提出想要买另外一个便宜的，现货先玩。妈妈接受了。

一个月后，当预订的乐高玩具通知可以购买的时候，孩子主动告诉妈妈——我不要了，我现在有得玩，已经满足了。

妈妈很感动。

我P.E.T.讲师班的同学J——两个女儿的妈妈告诉我，为了让孩子养成刷牙的习惯，她会跟孩子分享她自己去看牙时的过程和不舒服的感受。会告诉她如果牙齿不好，笑起来会不好看，也会给孩子买草莓口味的牙膏增加兴趣，还会一边刷牙一边和孩子一起听音乐，营造欢乐的气氛。

我问她，你跟孩子说你看牙的事，不是吓唬孩子吗？

她说，我只是坦然分享自己的人生经验，当作顾问给她建议，但不会催促、唠叨、逼迫、替代、威胁。因为刷牙最终是孩子自己的事。

"如果孩子还是不肯刷牙，最后真的要去看牙呢？"

"那我就带她去呀！该面对的总是要面对。"她说。

所以，如果你要问我，对于孩子要买东西，或者关于孩子刷牙，或者所有孩子让家长感到为难的要求、问题，带着爱和带着怕，处理起来有什么不同？

我没办法给出答案。

事实上，没什么不同。

同样是有时候买，有时候不买。

同样是告诉孩子不刷牙的危害，也告诉孩子看牙齿是一种不舒服的体验。

不同的在于妈妈的发心，妈妈说这些话的原因。这导致了妈妈的状态不同。

当然，结果也不同。

所谓因果，就是不同的原因，导致不同的结果。即使中间的过程和方式看起来是相同的。

如果妈妈带着恐惧去沟通，孩子会接收到很多害怕和担心。

他们通常是那些总会被忧心忡忡地问专家"我的孩子为什么这么胆小"的妈妈口中"胆子小，想太多"的孩子。

"我觉得孩子应该活泼一些，但是他连要玩什么游戏都先来问我的意见，我同意了才玩。和别人相处也不主动。在幼儿园的时候想上厕所都不敢跟老师说，憋到尿裤子。其实我平时都告诉他不要怕的，但是不知道为什么这个孩子胆子这么小。" 文章开头提到那位给孩子看坏牙图片的妈妈是这么描述自己孩子的。

成功者获得成功的决定因素，正是爱，而非恐惧

如果妈妈带着爱去和孩子沟通，孩子会感受到妈妈的关心和担心。他们会有更多的安全感和勇气。他们勇于探索，抗挫折能力更强。

他们会更加信任这个世界，信任别人。其实最终，是更信任自己，信任自己是优秀的、幸运的。

不仅是在亲子教育领域，我们每个人对待这个世界，都只有两种态度。

我们做任何一件事，都是出于爱，或者恐惧。

想想自己选择一份工作的时候，是因为恐惧失业，恐惧贫穷，还是因为发自内心地热爱这个行业。这样的发心，可能会导致在同样工作岗位上大相径庭的结果。

想想自己结婚的时候，是因为年纪大了，恐惧孤独，恐惧舆论，恐惧被剩下，还是爱上爱情，爱上对方的一举一动，涌起一股"非他（她）不嫁或不娶"的冲动？

这样的发心，对我们婚姻质量的影响，可能比车子房子、婆婆媳妇、几个孩子、有没有外遇都重要。

我们帮朋友做事的时候，是因为害怕如果不提供帮助，可能会引起对方的不满，以后自己有事相求的时候孤立无援，还是因为善意的流淌，看到对方脱离困境自己也觉得开心？

教师节，让孩子给老师送礼物，是因为恐惧如果不送礼，孩子受到不公平对待，还是发自内心地感谢老师对孩子的付出？这样的态度，对送礼"效果"的影响，可能比礼物本身的价值还重要。

孩子升学考试之前，我们督促他学习，是因为恐惧如果考试成绩不好、学校不好，以后工作不好、生活不好，自己无法面对、无法接受，觉得自己不是好妈妈，还是觉得孩子有能力取得更好的成绩，希望孩子能考上更好的学校，以便接受更好的教育，让他能够有强大的力量成为自己？

提前给孩子买房，是恐惧孩子长大以后能力不够，买不起房，结婚不顺利，还是只是想送他一份爸爸妈妈的礼物？

孩子找对象，父母想参与，是恐惧孩子婚姻不幸，自己晚年都要跟着担心难过，还是发自内心地希望孩子能享受到最美好的爱情？

归根结底，我们需要问自己的是：我们生孩子的目的，究竟是什么？是担心婚姻不稳，担心年纪太大了生不出来，担心没有孩子晚年孤独，还是因为自己的生活过得幸福丰盛，所以想邀请一个生命一起享受，一起前行和探索？

这决定了我们亲子教育的质量。

这些不同的态度下，我们做的行为看起来并没有很大的差异，甚至可能完全相同。

这就是为什么我们看再多名人传记也没办法复制成功，因为我们从中能学到的更多是行为，而不是态度。

李安在成为导演之前，做了六年家庭妇男。

他一定也有恐惧，但最终还是坚持了下来。

比尔·盖茨和扎克伯格都从哈佛退学创业，如果失败，怎么办？任何一个人都会问自己这个问题，但是恐惧最终败给了勇气。

让他们成功的显然不是"坚持做家庭妇男"或者"中途退学"，而是他们对自己事业和兴趣的热爱。往大了说，是对世界的热爱，更是对自己的爱和信任。

让成功者最终获得成功的决定因素，正是爱，而非恐惧。

那么，如何获得爱和勇气？

很多以为的「恐惧」，其实不堪一击

爱和恐惧是我们心里的两极，此消彼长。当我们的心被爱填满，就没有恐惧的位置了。

事实是，我们的恐惧是真实的，但是造成恐惧的原因却未必真实。就像文章开头提到的那位"不知道该不该给孩子买东西"的妈妈说的：

"我小时候，妈妈对我想买东西的要求都是直接拒绝。我从来没有得到过满足。我清楚地记得，有一次我看到菠萝，很想吃，但是不敢跟妈妈要。于是问妈妈'这是什么'，结果妈妈直接回答我'不能买'。那种被拒绝的感觉，一直到今天都很清晰。所以我很痛恨需求不被满足的感觉，但是又不自觉地这样对孩子。"

拒绝满足孩子的要求，因为自己被对待的方式，所以成为一种不经思考的本能，但是心里又在怨恨这样的行为。这就是纠结的来源。

恐惧是因为力量不足。

因此，在很多情况下，我们会认为自己无法应对，无法接受和解决事情。

当我们有足够的力量去解决，有足够的勇气去面对，就会发现很多以为的"恐惧"，其实不堪一击。

就像两岁的我们怕吃青菜，三岁的我们怕妈妈离开家，五岁的我们怕一个人去买东西，七岁的我们怕考试不能得满分。

当我们长大了，这些就不值得害怕了。

当然，恐惧是所有人在成长过程中必须面对的，是动力，也是一种自我保护。

我们不对孩子施以恐惧，并非要培养出傻大胆。孩子需要能够衡量危险，面对恐惧。

但恐惧只是我们需要面对的一个因素，而不是一种人生态度，不是我们行事的原因和动力，否则就无法真正享受人生，仿佛警匪片里总是在逃的犯人。我们会没有心情嗅花香，没有闲暇看彩霞，也没机会放松地喝一杯。虽然能躲过一天，躲过一个月甚至一辈子，但恐惧一直在心里。即使身体没有被抓住，但是锒铛入狱的那一天无时无刻不在心里。

被"怕"追着前行的人生，走得再远也不敢停下来。而为爱前行的人，无论能走多远，都是美好的经历。

爱让我们成为生活的摄影师，无论晴天、雨天、彩霞、日出，都找到角度去欣赏。带着看风景的心，才会发现风景。

想清楚这一点，就不用再问那么多"怎么办"。

无论是亲子教育，还是自己的生活，需要做决定的时候，你只需要问自己：这时候，爱会怎么办?

每个人都可以选择去相信什么，然后，为此负责

说到我自己对孩子刷牙这个问题的态度。首先，我不认为"刷牙"和"没有蛀牙"这两件事之间有绝对必然的联系。

我们都听过一些从不刷牙但牙齿很健康的人（是的，我身边就有这样的亲戚）。也见过每天兢兢业业，认真护理牙齿但结果却很抱歉的例子（是的，我也见过这样的朋友）。

从中医上说，牙齿属骨，而肾主骨生髓。"齿为骨之余"，故牙齿为肾中精气所充。

刷牙当然对口腔卫生有帮助，但是肾对牙齿的影响，比一根塑料牙刷大得多。真正决定一个人牙齿质量的是肾的强壮，或者说是整个身体的健康。所以我当然会让孩子养成刷牙的习惯，但绝不会认为这是让孩子牙齿健康的唯一路径。

因为态度比较放松，所以我选择在孩子两岁之前，先放任这件事。等到孩子年龄大些，能顺畅沟通的时候，再去告诉他这件事的意义。

原因在于，就目前孩子的接受能力和行为能力而言，我要求他每天去刷牙所耗费的精力，以及可能造成的麻烦，也许会大过不刷牙本身带来的伤害。

单位时间一定，选效率最高的事情去做。

当然，中医也未必绝对正确，正如西方医学的结论也未必是真理。每个人都可以选择自己去相信什么。然后，为此负责。

CHAPTER 21

我们该为孩子留下什么

有段时间"二胎"的话题比较热,见面打招呼的方式都变成了"还生吗","什么时候生"。

我对这个问题也很纠结。"生"或"不生"的理由放在两端,天平的角度无限接近地平线,两者势均力敌。

"没想好呢。"我回答说,"已经有一个男孩了,万一再是一个男孩……"

"那可就麻烦了!"话还没说完,对方打断了我。

我想他真是懂得调皮男孩的妈妈的苦衷啊,要是家里有两只"小猴子",那个场面想起来都头痛。

对方接下来的话让我有点儿诧异。

"那你就要准备两套房子了!"他表情凝重地看着我,仿佛已经感受到每月还房贷的压力,"两个'建设银行'啊,够你建设的!"

说这话的朋友,家里并不富裕,两个人带着一个男孩,住在还在还贷款的小房子里,如果要再买一套,实在压力不小。

这样的理由，我还真没想到。我想到的都是时间、精力的分配，或者想生一个女孩之类的。虽然也听说过"男孩是'建设银行'，女孩是'招商银行'"的说法，但从来没有想过，这和我家孩子有什么关系。生男孩就要给他准备房子，生女孩就能招商引资，为什么会有这个逻辑呢？想当初我奶奶生了九个孩子，一间房子也没给买，现在九个孩子都安居乐业，还给爷爷奶奶买了新房呢。虽然今非昔比，但我认为仍然有参考价值。

我们没必要为孩子承担属于他的责任

我们来看看，今天的父母们，到底为什么觉得自己应该省吃俭用，即使让自己和全家的生活质量都遭受很大损失，也要给男孩子买房。

（一）最直接的理由：大多是为孩子今后结婚考虑

"现在房子那么贵，孩子靠自己根本买不起。没有房子，就结不了婚……"一个朋友跟我聊起这件事的时候，显然已经陷入孩子二十年后因为没房子，所以没人嫁的孤独中了。

没有房子，就结不了婚？难道现在结婚登记除了户口本，还需要房产证吗？如果那个朋友的儿子，会因为"没有房子，所以结不了婚"，那至少需要满足这些条件：

1.儿子的工作能力很差，在目力所及的有生之年，都不可能买得起房子。即使和伴侣一起买也做不到；

2.儿子的女朋友没有房子；

3.儿子的女朋友工作能力很差，在目力所及的有生之年，都不可能买得起房子。即使和伴侣一起买也做不到；

4.儿子的女朋友坚持"没有房子，就不结婚"；

5.儿子一定要跟这个女朋友结婚。

这几个条件，说难也不难。大城市里，小两口都没有房子，暂时也买不起的，比比皆是。女朋友和婆家一起强势要房，没房不结婚，有房还必须把自己名字加到房产证上的，也屡见不鲜。

说容易，倒也不容易，这需要对自己儿子和儿媳的赚钱能力足够不信任，对自己准儿媳功利的感情观、婚姻观判断足够准确，以及对自己儿子"能找到不论他有没有房，都真诚地爱他，想和他成为人生伴侣"的能力足够悲观。

的确，很多关于物质女孩的狗血故事，让我们感慨"感情婚姻都成了交易，世风日下"。但是更现实的问题是，这样的女孩，是不是你家要找的儿媳妇？你什么样的价值观传承，会导致儿子爱上这样的女孩，而且非她不娶？

也许，正是对"如果没有房子，儿子就结不了婚"的担心，导致儿子一边跟你骂着这样的社会风气，一边潜移默化地接受了"女孩都物质，我只能靠物质打动她们"的观念。

当一个人认为，"我只靠自己的魅力是不值得拥有对方的，只有在有了房子之后，对方对我的爱才有地方承载"，他的价值感、自信心又能有多少呢？又是什么导致了他的不自信，不相信自己本身的魅力足够女孩非君不嫁？

作为父母的你，相信自己的孩子，无论男女，能拥有不借助任何外力，只靠自身的人格魅力就能拥有爱情的能力吗？

无论你信还是不信，很多人已经做到了。环视四周，在我的朋友里，我甚至想不出任何一个"必须有房才嫁"的女孩，也没有"因为女方的要求自己辛苦买房"的男孩。

他们绝大多数都不会把房子和婚姻挂钩，而是根据生活的需要，小两口或者决定一直租房下去，或者暂时借住在其中一人的父母家，合力买房，又或是两个人借钱付了首付，一起还月供。而且，女方自己先买了房，而男方婚后住在女方房子里的夫妻，也不在少数。

我相信，在"物质"的女生变得越来越多的同时，自立自强，自己掌控人生的女生也越来越多了。

她们相信只有当自己能够摆脱经济的制约，才能够更加随心所欲地选择自己的人生伴侣。就像徐静蕾说的："我什么都有，你只要有帅和善良就够了"。

这样的女孩，就散落在茫茫人海中。如果我们自己能看到，我们的孩子就能找到。

(二)你不相信这个世界会变得更好

有一些父母的做法，看起来离我们有点儿远，但是天下所有父母的心，都是一样的。

脸书创始人扎克伯格在女儿出生之际，宣布此生将捐出其持有的99%的脸书股份（现值450亿美元），目的是"让女儿长大后的世界变得比现在更好"。

扎克伯格相信女儿长大后的世界会变得更美好，你相信吗？还是你更愿意选择相信"房价会继续上涨，钱会继续贬值，买房子会变得异常艰难，如果我不给孩子留一套，可能他一辈子都买不起"？或者更愿意相信"教育制度非常落后，我要给孩子留一套学区房，不然孩子的孩子长大后就没机会上好学校，孩子一生的幸福就毁了"？

说到底，我们想要给孩子留下物质财产的原因，是不是恐惧呢？恐惧这个世界变得越来越差，而孩子的能力不足以在这样的世界成为一个幸福的人。所以，他需要我的帮助。他的孩子，他的后代，也都需要我的帮助。

现在，让我们换一种角度思考：如果我们真的给孩子留下了房子，你希望孩子对此的态度是什么呢？

是家里给我房，有困难找家里，不用奋斗的"啃老"心态？还是家里为我省吃俭用买了房，我以后也不该尽情享受人生，要为自己的孩子做出贡献？可是，我们自己省吃俭用也就罢了，让自己的儿子也成为这样的人，于心不忍。

如此看来，孩子对我们帮他买房这件事，不能"太当事儿"，也不能太"不当事儿"。最理想的状态也许就是"家里为我省吃俭用买了房，我要好好孝敬爸爸妈妈"。

也就是说，让他知道爸妈的辛苦，能有感恩之心，最好还能更加孝敬父母。如果真的是这样的话，我们就更要好好问问自己，给孩子买房子的目的到底是什么？真的不是为了确保自己的晚年有个依靠吗？这样算起来，倒也是个划算的买卖。能帮儿子讨老婆，还能保证儿子养老子。前提是：你的儿媳和儿子，都是需要房子才能"搞定"的人。

或许有人会说，我其实是吃不到葡萄说葡萄酸。我自己给孩子买不起房子，所以才对那些给孩子准备了房子的人指手画脚。

说真的，我自己也不确信小树长大以后，一定能够靠自己的力量，在北京买到房子。但我确信的是，当我成为一个智慧、独立、有勇气、有魅力的人，我和老公的关系亲密，彼此尊重，沟通顺畅，就能给孩子一个幸福的家庭榜样。

我们可以把这些作为精神遗产传给小树，无论他以后会在亚马孙丛林探险，还是在北上广租房；无论他以后靠自己的努力移民国外，还是每天节衣缩食、蜗居大都市，做了房奴；无论他以后做空中飞人，居无定所，还是跟女富婆结婚，衣食无忧……

在任何一种生活里，他都能够积极乐观地享受这样的状态，活出属于自己的幸福。而且，他的爱人也心甘情愿地和他一起享受。

任何一种状态，都是他自己的选择。自己能选择自己的生活是一种自由，也是一份责任。我不给他买房，是让他拥有属于自己的自由，也要承担属于自己的责任。

我们没必要为孩子承担属于他的责任，就像我们的孩子也没必要去承担本该属于他的孩子的责任。因为承担了别人的责任，也是剥夺了别人的自由。

我们究竟应该给孩子留下什么

扎克伯格和比尔·盖茨都"裸捐"了。他们的善举再次印证了美国钢铁大王卡耐基的一句名言："在巨富中死去是一种耻辱。"

盖茨夫妇曾打算去世后留给三个子女数百万美元遗产，捐出其余资产。如今，他们连遗产也无意留下。

比尔·盖茨人到中年，捐出全部身家，万一破产，晚年怎么办？我想没有任何一个人会怀疑，只要他想，比尔·盖茨除了微软，还能找到很多其他的赚钱渠道。因为他本身，就是金字招牌。

有些人说，他们这样只是做样子罢了，因为他们知道自己的孩子不会是穷人。

这是真理。富豪们有勇气这么做，是因为他们笃定相信孩子能过上美好的生活，他们对孩子"成功（不止是赚钱）"的能力毫不怀疑。因为他们给孩子留下了更有价值的东西。

任何一个孩子，如果有机会学到扎克伯格和比尔·盖茨的人生智慧、经营理念、处理事情的方式、与人相处的态度、经历高峰与低谷之后的感悟……都一定会成为一个能够实现自己人生理想的人。

这些用半生经历累积的智慧，比他们捐出的钱要"值钱"多了吧？几百亿美金是"死"的，而人生智慧能带来的东西无可限量。

除此之外，他们还用捐出的这几百亿美金，给孩子带来了一笔额外的精神遗产——大爱和勇气。爱自己，也爱世界上所有人的大爱，以及即使捐出全部身家，也能坦然生活的勇气。

这么算起来，他们给孩子留下的，远比捐出的财产更多。

扪心自问，我们自己能给孩子留下些什么呢？还有没有比钱更有价值的呢？

如果孩子带着恐惧和不安生活，即使我们给孩子留下巨款，他也可能在某次投资中一败涂地，或者慢慢消耗殆尽。而如果孩子从我们这里学到了智慧、勇气、经验和爱，即使身无分文，也能靠自己的努力成就一片天空。这样的例子并不罕见，几乎所有的"富一代"都有这样的成功史。

在经济条件并不宽裕的情况下，我们不如用省吃俭用给孩子买房的钱，充实自己，提高自己，让自己能拥有更多值得传承的精神财富。身体力行地带着孩子一起探索世界、经历人生，把有限的钱用来购买无限的可能。虽然房价飞涨，但是一定涨不过人的潜力。

当孩子不期待父母给他留下物质，他也不会为他的后代刻意累积什么。由此，每一代人都得以为自己负责，得以享受到属于自己的人生。具足圆满，互不相欠。

其实，这也是我们可以传承的一种精神遗产。

我们给孩子买不买房子不重要，重要的是除了房子，还能给孩子留下什么。

CHAPTER 22

不同意老人的育儿方法，
如何沟通

不同意老人的育儿方法，如何"沟通"？

虽然用的是"沟通"这个词，其实你想看到的，是如何"说服"或者"改变"吧？

每个学习了一些儿童教育的妈妈都仿佛握有"最高指示"，用尽各种努力，要破除腐朽落后的旧式养育方法对孩子的负面影响。

隔代养育本就是中国的特产，婆媳关系本又是中国的特色。于是，在老人帮忙带孩子的家庭，就会有很多"特别"之处。随着新老育儿观念的冲突越来越大，何止是婆媳，即使是亲生母女之间，也经常会因为对待孩子的方式不同，引发家庭大战。

跟老人说了"这样带孩子不对"，他们也答应着，但是又不见改。说得多了、深了，他们会一把鼻涕一把眼泪地诉说自己带孩子的辛苦。我们听了也于心不忍，内疚自己让老人带孩子，受了这么多苦，心里也委屈，的确不合适。于是默默闭嘴，妥协。

下次再见到他们用"错误"的方法对待孩子，本想睁一只眼闭一只眼，但是眼看着专家盖棺定论"千万不要"的育儿方式就在自己面前上演，又心疼孩子遭受到不可弥补的损失。

说，还是不说？

到底怎么说？

很多妈妈都在这其中煎熬着。

遵从内心做出的本能的选择

在跟帮忙带孩子的老人沟通之前，先问自己一个问题："我的观点一定是对的吗？"

本能的回答当然是"对"。

再仔细想一想，有时候未必。

育儿理念，就像"科学成果"一样，在不断更新的过程中，琳琅满目，很多甚至相互矛盾。育儿理念的错误和正确在不同的时间和地区，有不同的定义。

最著名的例子就是"哭声免疫法"。这个已经被证明会伤害孩子安全感的育儿方法，在很多地方，依然被当作最新的教育理念，被妈妈们如获至宝地传播给家人。

在反击哭声免疫法的研究成果出来之前，你有没有坚决禁止妈妈抱起大哭的孩子？

我有。尽管哭声免疫法在我家只持续了几天，就因为妈妈的本能停止了。但我现在都记得，推开我妈，让她不要去抱小树，以免把孩子惯坏的时候，我妈没有说什么，可她的表情很难过。

也许，若干年之后，又有新的研究成果告诉我们，"哭声免疫法"其实是对的，这的确能培养孩子的独立性，而且并不会减少孩子的安全感。扪心自问，即使有那么一天，我也不会因为自己曾经在孩子大哭的时候给他爱和拥抱而感到后悔。

因为那是我遵从内心做出的本能的选择。

又比如"统一战线"。

我在学习P.E.T.（父母效能训练）之前，理所当然地认为所有人在对待孩子的态度上必须一致，并且要求所有人用跟我一样的方式对待孩子。后来我知道，每个人用自己真实的方式和孩子相处，反而更加有助于孩子了解这个世界的多面性，进而增强学习和不同世界观的人沟通的能力。

在育儿路上摸爬滚打的日子多了，我们最后会发现，所谓育儿观点的正确和错误都是人为定义的。

但是每次我们在跟家人据理力争那一刻，都认为自己是为了正义，为了孩子的终身幸福在战斗。如果家人不听我们的，孩子的一生就毁了。

避免指责，只说自己的感受

如果我们坚信自己的观点是"正确"的，那就必须要去"沟通"。

怎么沟通呢？

1.时机

你会选择什么时机去说呢？

抓现行对不对？在事情发生的当时就出面制止，要不然事情过去了，对方不承认，或者想不起来，会影响效果。

设想一下，如果我们在和孩子一起做事，或者管教孩子的时候，别人当着孩子马上告诉我们"你不要这样做，你要按我说的做"，我们的感受是什么？

我们愿意改变吗？会不会觉得很没面子？

很没面子的本能反应就是证明自己没错，以便赢回面子吧？

对老人尤其如此。

老人在我们家里帮忙带孩子，工作琐碎，事情多，却通常没什么话语权。处在权力边缘的他们，心里多少会有些失落。如果又总是被当着孩子的面儿挑毛病，他心里会不会觉得很委屈？心情会不会不好？那这时候的沟通效果能有多好呢？

老人也很需要在这个家里有价值感和存在感。他挽回面子的方法是什么？

就是批评他的人不在的时候，还是用回自己的方法。这样不仅自己心里舒服一些，在越来越大的孩子面前也比较有面子啊！

所以，在事情发生的当场去纠正老人，并非最好的时机。更理想的时机是等到事情过去，大家在一起关系比较融洽，心情愉悦的时候，再去沟通。

2.方法

怎么说？

我们以往的方式是努力证明"我是对的"。

当然，"我是对的"也就意味着"你是错的"。

如果换成我们在那种情况下感受怎么样呢？没有人会喜欢听批评和指责，即使对方说的对，也很容易产生逆反心理。

所以，我们通常会遇到的反驳是："你小时候就这么过来的。"

其实我们不同意的并不是他们的理论，而是他们对我们教育方式的不认可，还有表达这个不认可的方式。

最让人想不通的常常是"我明明说的是对的，他就是不听"。

为什么呢？

因为如果他听了，那就承认他自己错了。尤其是长辈，认错并不是一件容易的事，而对于关系不好的长辈，比如婆婆，就更是如此。

这时候我们在讨论的已经不是孩子的教育方法本身，而是谁对谁错，谁说了算的问题。

正确的方法是：避免指责，只说自己的感受。

比如告诉老人：

"您追着孩子喂饭，我很担心孩子会养成边吃边玩的习惯，喂饭的时候咱们都会特别辛苦，这样也对孩子身体不好。"

"我看到您在宝宝大哭的时候，一直跟他说'不许哭'，我有点儿着急，因为宝宝好像哭得更厉害了。"

这里面我们没有指责，我们说的都是关于自己的感受、担心、着急或者害怕。

对方不会感觉到被指责，自然能接受的程度也更高些。

育儿方法的争执本质上是关系的处理

在育儿实践中，妈妈们常会问另外一个问题："用了'正确'的沟通方法，说了关于自己的感受和担心，还是不管用怎么办？"

那就需要问问自己：我们的关系够好吗？

育儿方法的争执本质上是关系的处理，而非对错之争。

大家都会觉得谁对听谁的？但事实上的对错太难分辨。老人听不听你的取决于你们的关系好不好。

所以我们需要做的是真正地去沟通，而不仅仅是指责。

也就是说，不仅仅在看到老人做了我们不认可的事情时才去沟通，当看到他们做得好的时候，觉得他们很辛苦的时候，同样要去感谢，要及时给予肯定，要理解他们的辛苦。关系好一些，彼此间的影响力就会更大一些。

如果只要一"沟通"就是指责对方，那谁还要跟你去做这个"沟通"呢？

我们需要找到一个伤害最小的选择

其实，刚才说的方法，最好都不用。因为我们只要试图去改变对方，对方就会觉得不舒服。

无论多么温和的沟通方法，如果沟通失败，我们就难免会有情绪，情绪累积成积怨，迟早会有机会爆发。

如果沟通成功，对方就需要刻意做出改变，如果不是绝对的心甘情愿，也难免会有情绪产生。

其实我们和老人现在在育儿方面的争执，很可能正是以往积怨的展现，而并不是当下的这一次能不能吃糖、可不可以不去幼儿园。比这些更重要的，是那些看不到却堵在胸口，长久以来积累下来的情绪。

我们今天对于要不要吃糖吵了一个小时，最后的结论无论是吃还是不吃，这件事情看起来是结束了，对孩子的影响却是一直存在的。

孩子会很清晰地感受到家人之间的争执所导致的压力，而小小的他也感受到了彼此间的攻击性，但是又没有办法真的去做些什么。所以他们只能自己找办法去纾解。由此引发吃手、啃指甲或者尿床等行为，这正是内在攻击力的体现。

所以我们要做的是去权衡。

家里人的关系不好对孩子的负面影响比较大，还是这些事情本身（比如追着喂饭，或者总给孩子吃零食）对孩子的影响更大，这是一个选择，同样没有标准答案。

并非是"凡事以和为贵，家和万事兴，能不吵架就不吵架"，也不是"孩子是我的，主权也是我的，寸土必争，锱铢必较"。

凡事都有代价，我们需要去找到一个伤害最小的选择。

如果我们对自己的方法有足够的自信，可以做出榜样
——「效果」是最有力的说服

我从没教过家人积极倾听。但是我会在小树有情绪的时候，去反馈他眼中的事实，理解他的情绪，眼看着孩子每次情绪会迅速降温，自己平静下来。小树的哭声像火灾警报，而我总能扑灭大火。

行大于言。他们自己能看到，这个方法比以往常用的"转移注意力、批评、安慰、提问、解释、说服"效果更好。

每个人都希望能做得更好。没有人会抗拒"真正有用"的方法。

于是我慢慢地看到，我爸妈和老公都在潜移默化地使用"积极倾听"的方法和小树沟通，虽然还不标准，不过没关系，这已经是一个巨大的转变。

我们努力想让「别人」变得更好，是因为自己还不够好

如果一切都不成功，我们唯一能做的就是调整自己了。

事实上，也许我们应该最先做这件事，这样说不定能减少很多不必要的困扰。

很多时候，我们以为老人不正确的育儿方法对孩子有很大伤害，其实未必。

第一次听到我爸爸跟小树说"别哭了，再哭不是好孩子，我就不喜欢你了"的时候，就像一记闷拳顶到胸口。

我每天跟别人讲无条件养育，告诉大家"给孩子贴标签，用感情要挟孩子"会破坏安全感，会让孩子受控制，失去自我……但是眼前就活生生地上演着这样的"人间惨剧"。

我忍无可忍，脑子里踏过一万匹草泥马，每一匹都告诉我一个如何说服我爸的方法。一万匹刚跑过去大半，我看到我爸又满脸宠溺地把小树抱在怀里了。

仔细回想，刚才那几句本该"掷地有声"的"威胁"，其实说得相当温柔，更像是情人间"讨厌"似的调情。

我意识到，我爸虽然说了那些有可能让孩子失去安全感的话，但是他的眼角眉梢浸透的爱，都给足了孩子笃定的安全感。

到底姥爷"说的话"还是"做的事"最真实，我想小树一定能够感受得到。

长此以往，孩子并不会缺少安全感，顶多是变得更"皮"一点儿。

权衡之后，我最后决定不去和我爸"沟通"这件事，放任他和小树，以他们自己的方式相处。当我爸更放松时，和小树的相处也会更加愉快，这对所有人都是一件好事。

在P.E.T.（父母效能训练）工作坊上，谈到童年时，很多家长会回忆起祖辈曾经带给自己的无条件的接纳，满溢着幸福感。

我相信，那些带来美好记忆的老人们，也未必时时处处符合教育理念。但是瑕不掩瑜，隔代亲的海洋般深厚的爱，会淹没大大小小的礁石。

所以，也许事情并非像我们想象的那么严重。

很多时候我们想去改变家里人，是担心他们的行为会对孩子有影响。因为我们希望孩子能得到整个世界无条件的爱。

但事实上，孩子并不需要整个世界，他只需要最亲的那个人——妈妈，或者说有限的几个人是这样对待他。让他知道有一个角落，是永远属于他的，这样他就会有足够的力量和勇气，去面对那个"有条件爱他"的世界。

所以，只要我们自己是一个足够好的家长，能给到孩子足够好的爱，他就能拥有强大的抵抗力，刀枪不入。这么说来，也许我们努力想让"别人"变得更好，是因为自己还不够好。

CHAPTER 23

我们总是忘了,
自己曾经是个孩子

乍暖还寒。我从爸妈家出门去附近办事,借他们的自行车骑。刚出门有冷风吹过,想起忘了戴手套,于是回去,看到钥匙柜上扔着爸爸平时干粗活时戴的白色粗线手套,想都没想就拿走了。

于是,我就这样穿着优雅的墨绿色美丽诺羊绒大衣,戴着爸爸的农民工同款手套,悍然出门了。

我一路骑,一路不停地把手套拉上来,塞进袖子里,因为它已经很旧,腕口的松紧带变得很松,总是自己退到手掌。

在电梯的镜子里看到自己,突然觉得很可笑,这两件不太可能出现在同一个人身上的单品,居然被我如此"和谐"地搭配在一起。这在我生孩子之前,是无法想象的。把"手套"的功能,很简单地还原为"保暖",忽略任何其他附加值,这也是一种"返璞归真"吧。

骑着自行车上街,太阳照在我的粗线手套上,那一刹那，我忽然笑了。我想起了二十四年前的自己。那一天，也是这样乍暖还寒的三月天，也是这样的灿烂阳光，我也是这样的骑在车上，戴着一副旧手套。

那年我十三岁。初一。

我那时候的男朋友（好吧，我承认文艺女青年恋爱实践开始得早，那时候的早恋也不过就是不执手相看）的生日是在三月，所以我们约好一起出去——当然，这是不会跟家里人说的，只是告诉他们我要出去玩。

我刚出家门，骑上自行车要走，爸爸追出来。我心想"坏了"！

没想到爸爸并没拦我，只是把我的红色线手套递给我说，外面冷，骑车戴上手套。

天哪，那副手套是我故意留在家里没戴出来的，已经很旧了不说，而且好几个手指的指尖都磨出了破洞，露出手指肚，特别难看。我为了"约会"，精心打扮了一番，怎么能让这一副手套破坏整体感觉呢？

"我不冷。"我毫不犹豫地拒绝了，虽然一阵寒风吹过。

"让你戴上你就戴上。"爸爸坚持着。

"我不想戴。"我觉得那副手套好丢脸，如果我戴了，整个人的形象都毁了。

"不戴手套不许走，这么冷的天骑车怎么能不戴手套？"爸爸坚持着。

眼看时间要到了，我赌气抢过那副手套，看都不想多看一眼，胡乱地套在手上。三四个肉色的手指头尖臊眉耷眼地从手套里顶出来，一副倒霉相。

"我走了。"我头也不回地骑上车。走出爸爸的视线范围，我就停车下来了。

就算是手冻僵了，也不能让这副手套破坏我的形象。

我迅速把手套摘下来，团成一团，却不知道藏在哪里：我没带包，也没穿大衣。塞在裤兜里面太鼓了不好看，扔在车筐里面的话——万一被对方看到，好奇地问我为什么不戴，岂不是更没面子。

我用间谍放情报的眼光找来找去，最终把它们藏在了自行车座位底下。必须放稳妥，不能丢。因为回家的时候，显然还是要先戴上手套再进门的。

那一天见面的内容和过程，我已经完全不记得了。但是一直记得当时觉得破洞手套带来的丢脸的感觉，跟男生见面时想要呈现的完美的感觉，还有，手真的很冷。

孩子现在做的事，可能正是我们小时候做过的

二十四年后的今天，我在做亲子教育的工作。当我有一次和工作坊上的妈妈们谈到"父母对孩子着装问题的干涉"时，一位妈妈提到，她在青春期的时候，穿破洞牛仔裤、松糕鞋，遭到爸爸的强烈反对，不

仅讽刺谩骂，还强令禁止。

"有用吗？"我问。

"我把衣服带着，到了学校就换。回家再换回去，他看不见。"那位妈妈说。

"爸爸可能不太理解这是当时的时尚。"我说。

"其实爸爸忘了，他上学的时候也曾经这样。"那位妈妈沉浸在往事中，动情地给我讲，"我奶奶说，我爸小时候，家里特别穷，给我爸的伙食费根本不够吃饱。我爸上中学的时候特别想要一件当时流行的男士背心，其实就是一件非常简单的跨栏背心，但是那也远远超过家里能支付的价格。毕竟，家里是不会轻易给孩子买新衣服的。所以我爸就每天早饭只吃馒头和水，中午饭不吃，就这样偷偷攒了两个月才买了一件。这时候天气都已经冷了，快穿不上这样的背心了。"

"后来呢？"

"我爸把这件跨栏背心穿回家，被我奶奶好一顿骂，差点儿给他撕了。"

"爸爸为什么那么想要这件衣服呢？"

"想好看啊！酷！帅！就跟我当年想穿破洞牛仔裤和松糕鞋一样啊！"那位妈妈忽然有点儿黯然，摇摇头说，"可惜爸爸忘了，他当年也曾经是这样的。"

有的时候，当我们长得足够大，我们会忘了自己曾经"小"过。

每个大人，都曾经是小孩。

我们忘了自己青春期的时候，是多么的敏感、执着。爱惜眼睛一样在乎自己在外人面前的形象。

我们忘了自己上小学的时候，拿到低分考卷时回家的恐惧。甚至有时会偷偷模仿家长签字。

我们忘了我们有时候就是会忽然特别不想去幼儿园，甚至没有什么"拿得出手"的理由。如果妈妈能允许我们"在没有生病的情况下"不去幼儿园，哪怕只有一次，我们该多么开心啊！

我们忘了自己曾经去商场看到特别喜欢的玩具，如果能拥有，一定会在小朋友面前特别骄傲，但是家里人不肯买，还骂我们不懂事，甚至不让我们哭的时候，心里的委屈和愤怒。

我们忘了自己多喜欢下雨之后用小脚踩水，看着水花飞溅，那种兴奋溢于言表，完全不会在乎衣服是不是弄脏。

……

现在，我们对孩子做的那些事，可能正是曾经让小时候的我们感到难过和愤怒的。

而现在我们的孩子在做的事，可能正是我们小时候做过的。

但是在我们眼里，他们"叛逆、淘气、不听话、撒谎"。

我想起一次课程上，一个妈妈问我："两岁的孩子总是故意跟家长作对，怎么办？"

我问她："故意作对有什么具体表现？"

她说："孩子想要的东西拿不到就大叫，如果大人给的不是他要的就哭。把他手里的玩具拿走也哭，尖叫"。

我说："孩子想要东西，所以会叫，当他还不会很好地用语言表达自己的时候，只能大叫。如果大人给的不是他要的，他不满意，所以会哭，这是在告诉你给得不对。你把他喜欢的东西从他手里拿走，他不开心，所以会哭。这只是表达自己的正常感情。"

不然，你期待孩子什么样子呢？他想要的东西不给也无所谓？给错了也不说？得不到就放弃？这真的是你想要的孩子吗？现在对玩具的态度，跟以后对自己应得的权益，对想要实现的梦想的态度，难道有什么本质的区别吗？"

越过孩子不配合的行为，看到行为后面的原因

当然，我也已经是孩子的妈妈了。

做了母亲的我，能理解爸爸为什么让我戴手套。如果小树在这样寒冷的天气骑车出门而不戴手套，我也会心疼。

但最重要的不是戴不戴手套，而是孩子究竟为什么不戴手套。他不在乎冷，那么他在乎的是什么？心里是怎么想的？

如果我不用逼迫的方法让他戴手套，而是接纳他的感受，也许他会更有可能告诉我，他不戴手套的原因。

当我用妈妈的爱，越过孩子不配合的行为，看到行为后面的那个原因，那个为了满足自己小小的虚荣心的原因，我们就能一起找到更多其他的解决方法——让他的手不冷，同时也不会让他感到尴尬的方法，比如：

1.借爸爸的手套给他。

2.路上戴手套，快到的时候摘下来。

3.这次先戴这个手套，明天一起去买新手套。

如果真的能这样做，不仅孩子的手不冷了，妈妈和孩子的心，也都会更暖吧。

对成人来说，孩子的很多感受，会让我们觉得不合逻辑或者微不足道。但是在我们曾经那么小的时候，这些事对我们也曾经是很大的挑战，会带来很大压力。

我很庆幸，自己虽然做了妈妈，但是对于自己小时候的记忆还没有完全消失，所以得以理解父母和孩子两个角度的想法。我们都没有错，错的是错过了应有的沟通和理解。

事实上，孩子所有让我们不能接纳的行为，都不是"故意作对"，而是有他自己的原因。

比如有个幼儿园的女孩回家跟妈妈说："我想做男孩子"。妈妈很吃惊，以为孩子性别意识有差。倾听之后，发现原因是幼儿园里，女孩子上厕所要坐小马桶，而冬天，小马桶很凉。孩子看到男孩儿可以站着尿尿，所以很羡慕。

再比如上小学的男孩执着地拒绝上学，爸爸认为他贪玩淘气，把他扭送到学校门口，结果孩子逃学去闲逛。过了很久，在心理咨询师的倾听下，才了解到学校的老师曾经因为孩子和同学吵架，当着全班同学的面让他出门罚站，而那次打架，孩子是受了别人欺负，正当防卫。

我们要做的，并非立即马上，强制、粗暴地改变那个行为，而是温柔、体贴、理解、接纳地去找到那个原因。

这需要我们心里那个小孩子的帮助。

如果他已经离开了，努力去找他回来，在自己眼前的这个真实的孩子帮助下，相信不是一件太难的事情。

如果自己心里的孩子还在，好好跟他聊聊。在孩子又做出"出格"的事时，问问心里那个孩子的想法。

当我们心里有一个能懂得孩子的孩子，
孩子眼中就有了一个让他喜欢的大人的榜样

记得自己也曾经是个孩子。我们并不是真的想要跟大人对抗，给大人添麻烦，我们其实只是想有机会满足自己一下。

即使我们曾经模仿家长在试卷上签字，我们长大了也终于成为一个诚实正直的人。

即使我们有时候装病不想去幼儿园，但是我们现在每天去上班，从不旷工。

即使我们没得到自己想要的玩具，曾经在商场里大哭，但是我们现在也很会体贴别人。

即使我们曾经为了踩水把衣服弄脏……现在的我们，也别去禁止孩子去享受那种单纯的乐趣吧。

让我们心里的孩子和自己的孩子做朋友，我们会对孩子有更多理解。我们依然可以选择因为特定的原因，不去满足孩子的要求，但至少，可以更加理解他的感受，不去批评他因此产生的负面情绪。

当我们给了更多理解，孩子也会回报我们更多的配合。

大人和孩子，并不是两个对立的阵营，而是同一个人，身处在不同时期的人生阶段。

每个大人心里都有个孩子，每个孩子以后也都会成为大人。

这是一个首尾相接的圆。理解是相互的，爱是流动的。

当我们心里有一个能懂得孩子的孩子，孩子眼中就有了一个让他喜欢的大人的榜样。当他发自内心地喜欢我们，想要成为我们的时候，教育还会是一件困难的事吗？

CHAPTER 24

那些小树教给我的事儿

小树是个特别善于哭的小朋友。这一本领在他诞生的第一夜初露端倪，在月子里得以发扬光大。每次有任何不爽，随着"哇哇"两次前奏，如同为发动引擎积蓄力量，随之而来的一声拉起警笛般的"哇哇"像闪电划破晴朗的夜空，像石子投入平静的湖水。

于是周围各色人等，慌忙停下手中的活，赶往事发现场，彼此发挥想象力和推理能力，猜测可能的原因。

所以，当预约到社区医院打针的日子到来时，我很紧张。尤其是看到医院母婴保健科门口那些安静乖巧的宝宝之后，就会暗暗担心，小树会成为一个破坏分子。等轮到小树时，他已经不耐烦地睡着了。

我战战兢兢地坐下，看着医生举针、下手，准备迎接一场暴风雨。

细长的针头扎到小树稚嫩的小胳膊时，我好心疼，也好庆幸——他居然没反应！也许这个疫苗竟然是不会让人疼的?

医生开始推药水的时候,警笛终于拉响,连引擎发动的过程都没有。我只好用棉签按着小树胳膊上的小伤口,抱着四肢乱蹬的他,来到休息室。进了门才恍然大悟,原来所有打过针以及吃过糖丸的小朋友,都汇集在这里等待半小时,观察反应,同时,更重要的是,哭。

看到一个房间里各种年龄、性别、长相的小朋友,在各自家长的好言抚慰下,处在哭的启动、高潮、收尾等各个阶段,我心里平衡多了。我抱着小树在此起彼伏的哭声中,从容地找到一个座位,准备给这个受了伤的小朋友一些安抚。

刚解开衣服,我惊讶地发现,小树居然已经不哭了,安安静静地睁着大眼睛看着我,一副标准的小天使的乖巧模样。

好吧,不管是天使还是魔鬼,都先吃奶吧。

我边喂奶,边幸灾乐祸地观察着休息室里面的其他孩子,顺便跟他们的父母聊天取经。

恰恰是因为孩子已经「懂事」,才有了恐惧之心

我身边是个三岁的小男孩,他一边哼唧一边听着爸爸妈妈跟我说话。当我们说到打针这件事,一起把目光聚集到他身上时,他看看我们,突然放大声音,扯起嗓子,闭上眼睛,哭了起来。

远处是个一岁半的小女孩,奶奶带着,先是许给麦当劳,再是玩

具，小姑娘依然抽抽搭搭地呜咽着。

门口又进来一个三四岁的男孩，伏在妈妈肩头，号啕大哭。妈妈为了分散他的注意力，带着他认真学习屋子里面贴的母乳喂养宣传画，并配以详细的讲解。可是小朋友丝毫不为所动，闭着眼睛，专心地哭。

又进来一个男孩，已经有奶奶的腰那么高，还赖在奶奶身上忘情地哭着。旁边跟着的爸爸一脸苦笑。

"他多大了？"我凑上去。

"六岁了。"

"大小伙子了，还哭得这么厉害。"

"是啊，越大越哭。像你们孩子这么大的时候最好对付，打完针就不哭了。我们这个，就不能提打针的事儿，一提就哭。"

"那你们怎么跟他说的？"

"不能跟他说啊，说了根本不来。我们就骗他来着，说是去别的地方，路过医院，强拉进来。"

"啊，骗进来的！"

"是啊，越大越懂事，懂事了就不肯来打针了。从一个月前就开始害怕，跟我说爸爸我不打针。"

原来是这样。

怪不得小树哭了一下之后，瞬间就好了。他还不懂事，所以他的哭只是单纯地针对疼痛本身。当导致他不爽的原因消失之后，他马上就停止了痛哭，心随境转，切换到日常模式，忘记了这件事。

而那些啼哭不止的大孩子们，恰恰是因为已经"懂事"，有了恐惧之心，对已经发生过的痛苦的感觉念念不忘、心有余悸，对即将发生的事心生恐惧，从而抗拒。所以，在打针前后，他们都比小树更"痛苦"，更难安抚。

可见，真正让人感到痛苦的，只有很短的时间，很少部分是因为痛苦本身。而之前对痛苦即将到来的预期、担心、焦虑，以及在痛苦发生之后，对当时的那种痛苦感觉的回味和沉浸，才是更深、更大的痛苦。

不谙世事的小婴儿，才真正具有「活在当下」的能力

我想起美国有一个著名的心理学实验：让被试者把对未来一个月可能发生的负面事件的担心写在纸条上，投入密封的箱子。待一个月之后开启箱子重读预测，却发现其中的90%都没有发生。即使发生了的，也未必是按照之前预期的方式。

人类的成长和智慧，人类的记忆力和分析推理能力，有时候会成为我们安享生活的障碍，会成为无形的锁链，把我们圈在自己想象的焦虑的监狱里。

去年的分手会让我们担心明年还找不到男朋友。上个月的离职让我们担忧下个月的经济来源。刚刚和楼下保安吵的那一架，让我们整个晚上看球都心不在焉。

而不谙世事的小婴儿，才真正具有"活在当下"的能力。

他为当下吃到的每一口奶而感到快乐，不去担心好几天没吃猪蹄汤的妈妈，下一顿奶是不是充沛。

他为每次得到的拥抱而感到幸福，不去担心明天妈妈外出之后，谁来提供拥抱。

他为打针的不适感到痛苦，却在痛苦结束之后马上结束自己的痛苦，不去担心今后长达几年的时间里，会经常发生这种痛苦。

全心全意地"活在当下"，全心全意地品味生活的每一种滋味，随遇而安地处理生活中遇到的每一件事，却不为情绪烦恼。这不正是高僧大德推崇的生活方式吗？这不正是各种身心灵修行致力于达到的境界吗？原来我们每个新生命的出厂配置中都具有这种能力，却在我们不断地"成熟"中，被磨损掉了。

已经懂得太多的我们，需要的是返璞归真。只在痛苦发生的当下痛苦，既往不咎，来者不拒。

这是小树教给我的事。

CHAPTER 25

真正爱孩子，
是允许他快乐而非完美

前几天看到网上有篇文章，叫作《如何给孩子立规矩》，是一位儿童教育专家分享"如何让孩子不去踩水坑的经验"：

以前，我总是说"别踩水，别踩水"，但就像是一种强化一样，孩子还是总去踩水。后来，用了心理学的"解决式"指令，不说不想让对方做的事，而要说"想让对方做的事"，就好像说"我不紧张"反而很紧张，而说"我很放松"就会好很多一样。

所以，后来再路过雨后的水坑，我改成跟孩子说"绕过去，绕过去"。果然，孩子就不知不觉地绕过去，不再踩水了。这真是个好办法，推荐大家使用。

这位教授说的很有道理，"正面明确地说出期待"的确是符合人类心理学研究成果的。如果以"不让孩子踩水"为目的，这么做是很成功的。

只是，我想多问一句，我们研究"人类心理"的目的到底是什么？

是了解人类心理的特点，从而帮助人类更多地享受到生而为人的乐趣，还是掌握人类心理的特点，从而实现控制，巧妙地剥夺孩子本该享受快乐的权利？

最让我感到不寒而栗的是文章的最后一句——这真是个好办法，推荐大家使用。

这种直接的"解决式"指令果真奏效，对调皮捣蛋的男孩来说，脑袋里连一丁点儿促狭的意念都还来不及滋生，就像被催眠一样，自动归顺于这干净、利落的指令了。

这一句"有水，就跨过去"能有效遏止小男孩天生的条件反射——看到水洼就要踩，而且要踩到水花四溅才够爽！

「小男孩天生的条件反射」能让孩子得到什么

既然踩水是小男孩"天生"的愿望，既然踩到水花四溅能够让他感觉到无比快乐，到底为什么需要去"催眠"他，让他"连一丁点促狭的意念都来不及滋生"，就不由自主地听从这个指令呢？

我仔细找遍全文，没有一句提到不让孩子踩水的理由究竟是什么。也许这位家长觉得根本不需要特别说明目的吧，家长按照自己的意愿管教孩子，这不是天经地义的吗，何须理由？

我也是一位妈妈，也有一个有着"具有雄性人类天生条件反射"

的孩子,试着推己及人。我想,不让孩子踩水,大概可能有以下几个理由吧:

1.怕孩子把衣服弄太湿,容易着凉。

2.怕孩子把衣服弄脏,洗起来很麻烦。

3.怕孩子把水溅到路人身上。

综合起来:着凉、衣服脏、惹路人不满,是孩子有可能失去的。

一枚硬币有两个面,我们再来看看,这个"小男孩天生的条件反射"能让孩子们得到什么:

1.探索世界

对于小一点儿的孩子来说,可以帮助他们了解到水是一种液体,水的形态可以被外力改变。水花会飞起最终落下,这是地球引力的结果。不同的施力会引发不同的水花效果,这是通过自己实践体会到的真实感受。

2.伙伴关系

如果是孩子和小伙伴一起踩水,能够在这个过程中,加强彼此的关系,通过游戏,增加社会化的人际交往能力。

3.亲近自然

感受天然的乐趣,减少现代化电子产品使用时间,有助于减少"人造玩具"的负面影响。

我承认，以上都是我自己的总结。其实让孩子"踩水坑"，并没有什么能够让孩子学到知识的"科学"依据。

可是，即使孩子从中无法学到任何一种知识和能力，仅仅是玩得开心，这难道就没有价值了吗？

笑声是孩子最重要的精神营养

"笑声是人类最重要的精神营养"这句话，并不仅仅是人生哲学，它还有重要的生理依据。

神经科学的研究发现，人在发出笑声时，脑部会分泌大量有益的化学物质。其中有一类物质近年来备受关注，叫作内源性阿片类物质（endogenous opioids）。

这种物质会对大脑工作状态产生积极影响，包括增强掌控感、活跃理性记忆、产生亲近他人的感受，有效抵消愤怒、恐惧、悲伤等负情绪对大脑造成的负面影响等。

从长期的角度，它是大脑神经系统健康发育所必需的物质。因此，内源性阿片类物质被当今学界誉为"无可替代的神经营养剂"。

以上"开心"带来的好处，可不是我总结的，是"凯叔讲故事"邀请的《游戏力》翻译者——李岩老师在一场讲座中说的。

有的朋友会说，就算是科学研究结果，也不可信。

仅仅让孩子"傻乐"而没有增加其他附加价值，我们能允许吗？

从什么时候起，我们会功利到只有能学到东西的事情，才肯同意孩子去做呢？

借助调整外界，而不是改变孩子的方式来解决问题

开心这件事，对孩子来说只是踩水时的"举脚之劳"，对我们成人来说，几乎是人生的终极意义。

我们辛辛苦苦做了很多努力，去上班赚钱，赚钱买LV，带着LV去旅行……最终的目的，都是为了开心。

而做了这么多之后，我们收获的开心，也只是微微一笑，却很难听到孩子踩水的时候发出的畅快的大笑声。

当孩子能够以他们自己的方式，以几乎没有成本的方式，享受到属于他们自己的快乐，全身心投入地大笑，让身体和心理都得到健康成长的时候，作为"更具有智慧，掌握更多心理学理论"的成人，我们到底为什么不能允许他去听从"天生条件反射"的召唤呢？

因为"着凉、衣服脏、惹路人不满"吗？

那有没有什么办法能够让孩子玩水，同时避免这些结果出现呢？

比如，给孩子穿一件雨衣、一双雨鞋？找一片人比较少的水洼让孩子踩？

在P.E.T.（父母效能训练）中，我们会通过"改变环境"，也就是借助调整外界，而不是改变孩子的方式来解决。

如果还是担心孩子的健康问题、礼貌问题，也可以和孩子好好谈谈，告诉他"爸爸妈妈知道你很想玩水，但是我们有一些担心，我们一起来找到一个让你和爸爸妈妈都满意的办法来解决吧"。

缩短时间、限制区域等，都可以解决眼前的问题。

只要孩子的需求被理解，被看见，他会愿意配合家长，满足家长的需求，一起来找到解决办法的。

这些都比孩子在不知不觉的情况下被家长的心理学知识"催眠"好太多了。

让孩子成为快乐的人，而不是完美的人

其实，我们都知道"着凉、衣服脏、惹路人不满"虽然是理由，但只是我们给自己找的理由。

真正的理由是：作为家长，我们认为控制孩子是天经地义的。

而且，最重要的是，我们会认为"这是为了孩子好"。

孩子们就这样被催眠般，什么都来不及想就顺从了。

这到底是为了谁"好"，又"好"在哪里呢？

我相信想要让孩子不踩水坑的家长，都是真心地爱孩子，愿意为孩子付出，大概不是真的会在意给孩子增加装备的花费，或者多洗几件衣服。这件事能给家长带来的真正的"好"，其实也许是"控制孩子

的快感、成就感"。

也许你不是这样的，但扪心自问，我有的时候是这样。

对孩子说每一个"不"字之前，还有文章开篇那个例子中对孩子说"绕过去"之前，请先扪心自问，自己到底为什么想要改变孩子的这种行为。究竟是为了孩子"好"，还是为了自己"好"。

孩子小时候能不能买玩具、吃零食，上不上学习班，长大后能不能染头发，跟谁谈恋爱，什么时候生孩子……所有这些，我们想要开口之前，都不妨问问自己。

问过之后，其实根本没有标准，也没有对错，答案只取决于一颗"我做我自己，也允许你做你自己。我捍卫自己的界限，也尊重你的界限"的心。

真的爱一个人，就让他快乐。对孩子如此，对所有人如此。

我们都曾经让孩子"变得更好"的目的，希望孩子"绕开水坑"，虽然这是孩子"天生的条件反射"。

也曾经为了老公的身体考虑，阻止他和好久不见的朋友一醉方休，虽然他说只有喝酒，才能找到哥们儿的感觉。

我们还曾经为了让父母更健康，逼着他们吃下那些他们根本不想吃的"外国瓶瓶罐罐"的营养品。

也许扪心自问之后，我们可以允许他们，以自己的方式对待自己的朋友和健康。

最后，我们会发现，我们也能够允许自己，以自己"喜欢"，而不是"应该"的方式，度过自己的一生。

也许，我们最应该允许的，是让自己成为一个快乐的人，而不是完美的人。

CHAPTER 26

有孩子之后，
我们已经回不去了

有孩子之后，我们进入了被遗忘的时光

写这篇文章时，我感冒三天了。

足不出户却遇上无妄之灾，我确定是被小树传染的。无论是用手帮他抹鼻涕，还是用一张大脸对他的喷嚏照单全收，都能确保无法幸免。

三天来，我不住地打喷嚏，说话鼻音严重，鼻塞到大脑缺氧想吐，睡觉头疼，吃饭没味道。因为要喂奶，所以自己扛着没吃药。就这样像戴了一个实心橡皮的假鼻子过了三天。今天奶睡小树的时候，我给隔壁屋的树爸发微信，让他备水泡脚。

他回说，带一天孩子，太困了，不泡了。

我说我要泡。

他说现在烧水来不及了，你不如早睡觉。

我说老娘感冒了，老娘难受，老娘要泡脚！

他说好好好，我给你烧水！你是小树的老娘，又不

是我的。

那一刻，我突然意识到，我感冒三天了，没有受到过任何照顾。

我爸妈每天都过来，可他们带过来的都是给小树的新鲜蔬菜和进口牛肉，没有给我的药。我老公每天采购，但是他只在前几天小树感冒时买了枇杷，这几天都没有买水果。

没人给我倒水，没人给我切水果，没人提醒我增添衣服，没人把我当成一个病号对待。对比前几天小树生病，举家动员熬萝卜梨水，喂枇杷泥、苹果泥，吃维生素C，辅食减肉加青菜，穿过半个北京城，上门自取澳洲咳嗽药水和鼻塞舒缓膏，被树爸整夜抱在身上睡觉，姥姥、姥爷每天按摩足三里和捏脊……

如果不是我亲儿子，这天壤之别实在让人气愤。

辛辛苦苦三十年，有了儿子之后，一下跌落到解放前。

最不能容忍的是，连我自己都没想到要照顾自己一下。

没时间，也没精力。

我独自气鼓鼓地在黑暗里喂奶，大气不敢出。等着小树慢吞吞地松了口，呼吸均匀了，才敢小心翼翼地撤出身体，不至于发出太大声音吵醒他，拿捏准确地推开隔壁房门。"当初咱们谈恋爱的时候，我就咳嗽几声，你从东四环举着一杯开水泡大蒜，跑到西三环我的办公室楼下，等二十分钟，亲眼看着我喝下去，还奖励吃蛋糕。现在我鼻子都快掉了，你连洗脚水都不肯烧。说什么'我会永远对你这么好'，骗人！"

"我这几天不是都带小树睡觉嘛。小树发烧的时候，一个小时就要醒一次，我也实在困得不行。"

"这待遇差得也太多了吧！"

"小树今天发烧刚好，这不是没顾上你嘛。"

"是不是我要是得病死掉了，你们也得等到小树中午该吃奶的时候才会发现我不见了啊？"

"不会啊。"树爸面带微笑，"小树现在白天可以吃饭，估计晚上奶睡的时候才会发现。再说，你怎么能死呢，早上还需要你给小树做饭喂饭呢。"

"可是我是一个病人哪，我有病死的权利。"

"但是你还是一个妈妈，你有照顾孩子的义务。今天我还带小树睡，你晚上好好休息，好吧？"树爸打了个哈欠，去卧室了。

有孩子之后，我终于有机会变得更加独立

最近小树各种原因夜醒频繁，树爸主动带他，不仅要半夜起来抱着哄睡，很多时候还要把身体给小树当床，的确辛苦。

我也不忍心怪他。可是自己面临多年未遇的重感冒，没有什么特殊照顾，还是心有不甘，所以决定跑去厨房吃一个苹果，又一想，晚上吃水果积食上火，百害无一利，还是喝口白开水算了。

我边喝水边琢磨着,感冒时吃得少,睡不好,影响奶水。而且明天还要出门见朋友,总之我还是得尽快好起来。

于是我开始给自己制定"康复计划"。

每天八杯温水,一个苹果,睡前泡脚,饮食清淡,晚上十一点前上床,吃维生素,喝萝卜梨水……

我忽然意识到,这是我人生中不多的,真正为自己负责的一次"生病"。上学、工作都和父母在一个城市,我每次生病都可以躲回家里,享受照顾。虽然很佩服那些独自在陌生城市生活,必须自己照顾自己的朋友,但自己还是做不到。

没想到,有孩子之后,我终于有机会变得更加独立。

事实上,我快点儿好起来,不仅仅是为了对自己负责,也是为了吃奶的小树,为了对家人负责。只有健康的我,才能帮大家分担更多的家庭琐事。

爸爸、妈妈和老公,他们当然是关心我,也愿意照顾我的,就像他们以前一直做的那样。但是家里多了一个孩子之后,他们有很多事情要忙。面对一个崭新的生命,大家都有点儿不知所措。

每个人的精力都是有限的,顾不上我也是情有可原,毕竟连我自己都顾不上自己了。

所以,有了孩子之后,每个家庭的生活重心,每个家庭成员之间的关系,乃至我们自己和自己的关系,都会发生变化。我们的身材、穿着打扮、生活作息……都会发生非常大的变化。

如果还希望生活的各个方面，能回到生孩子之前一样，假装什么都没发生过，那无异于刻舟求剑，跟自己为难。

逼着自己回到生产之前的状态，究竟是想证明什么呢

育儿媒体上铺天盖地的励志鸡汤文教育我们，即使做了妈妈也要保持美丽优雅，不美丽优雅不是孩子的好榜样，甚至不配做女人。否则老公移情，老板冷落，都是我们不求上进的结果。

也有很多的攻略，告诉我们如何在有了孩子之后，夫妻之间依然能够保持热恋一样的感觉。

拜托，如果有了孩子，甚至不止一个孩子之后，两个人居然还是"热恋时"的感觉，那不仅仅是"反常"，而且还"反人类"好吗？

热恋时是天雷地火，甜蜜浓烈，"你死了，我也不活了"，除了对方，眼里没有一草一木的浓情。而为人父母之后的夫妻，是悠远琐碎，温暖依偎，"你死了，我为了孩子必须好好活下去"，把生命融为一体的爱。这两者怎么可能是一样的呢？

就像有的朋友跟我投诉，有孩子之前，她自己独享老公的爱。但是现在，老公有时候不得不在女儿和她的需求之间取舍。她觉得很失落，想要"修复"夫妻关系，回到恋爱时的甜蜜。可是精心筹备的计划只有效了两天，最终还是被"打回原形"，这令她很沮丧。

夫妻之间多了"第三者"，关系一定会有变化。而这变化，短期内可能不适应，长期看，却未必是一件坏事。

重要的不是变化本身，而是大家如何共同应对，一起改善，使得这个变化成为积极的影响，让两个人之间有更多的理解和包容，把炽热却脆弱的感情升华。

还有些人，生孩子之后跟自己的身材较劲。以娱乐圈里瞬间恢复的妖娆辣妈为标准，看着自己松弛的皮肤，下垂的胸部，就像曾经亿万富豪一夕破产一样，痛心疾首，念念不忘自己生孩子前的小蛮腰和水嫩皮肤。并且依旧以此为标准要求自己，用各种办法试图恢复。那肚子上的赘肉仿佛也长到了心里，沉甸甸地向下坠。

生了孩子就是生了，身材、皮肤和乳房都难免有变化，这是正常的生理现象。

与其竭尽全力对抗地心引力，不如敞开胸怀欢迎成长带来的更大的吸引力。再怎么往回收肚子，都很难再媲美少女，但是经历过爱的洗礼，身为妈妈拥有的柔和温润的智慧是青涩少女难以企及的。

我们当然可以追求更美的自己，但没必要纠结于此。美，不仅仅是那些肉眼可见的部分，更大的魅力来自于看不见的修炼。

自己心里要清楚，让身材恢复如初媲美少女，目的是什么？不应该仅仅是在别人的艳羡和称赞中找回自信。

逼着自己回到生产之前的状态，究竟是想证明什么呢？

在需要的时候成为美丽的自己，这就很好

孩子小的时候，我们的确需要花大量的时间在他身上。以前慢悠悠地听着音乐敷面膜、做SPA的时间全都用来哄睡、喂奶和给孩子洗澡、做饭了。

在这段人生里，不可避免地会给自己比较少的关注。

重要的是，如果这是自己的选择，就会心甘情愿。

我容许自己每天家居服加身，不事梳理。那些俏丽旗袍和热辣晚礼服依然在衣柜最深处等我，在需要的时候成为美丽的自己。但是没必要在每次上一分钟还在喂奶，下一分钟匆忙脱身的朋友聚会上，因为指甲不美、发型老土或者服装过时而觉得抱歉，觉得跟那些衣着靓丽、妆容闪耀的女朋友比起来，自己仿佛少了些什么。其实，是多了些什么才对。

因为我知道人生的每一阶段，主要任务不同。在刚成为母亲的阶段，我接受自己暂时把更多的时间、精力给了孩子，因为我的自信和价值感，不仅仅来自于对自己的精心照顾。

我知道自己在做什么，我知道我为什么要这么做。

孩子会给我们带来很多变化，甚至整个世界都不同了。拒绝这些变化的人，无异于刻舟求剑。

醒醒吧，我们已经"回不去"了。我们的生活，我们的感情，我们的身材，我们的社交，都回不去了。

明明已经"出了人命"那么大动静，偏偏转过头来要求整个世界当作什么都没有发生，继续按照以前的方式运转。

那不是任性，是愚昧。

但是，如果能够"变得更好"，为什么非要"回去"呢？

正视这些变化，接纳这些变化，享受这些变化。

我们会因为有了孩子，不得不面对各种各样的人情世故，从而学到更加柔软圆融的处理技巧；

我们会因为有了孩子，不得不同时处理多件事情，从而提高统筹和管理能力；

我们会因为有了孩子，身材略微发福，也许可以因而放弃对自己的苛求，更好地享受美食，享受生活；

我们会因为有了孩子，远离灯红酒绿的夜生活，从而发现真正最好的护肤品，是规律的作息和平和的心情；

我们会因为有了孩子，变得更加敏感和细腻，从而对身边的人都多了理解和包容。

这，难道不是更美好的人生吗？

致伟大的父母

通常在每次工作坊的最后，我都会给来学习的爸爸妈妈们鞠一个躬。不仅仅是为了表达对大家的感谢，更是尊重。尊重他们每个人，以他们自己的方式去做父母。我可以分享知识和经验，但是无权评判，更无权干涉。

同时，更是提醒我自己：永远别觉得自己比他们更有资格做父母。永远别觉得，自己能做得比他们好。

因为对每个孩子而言，自己的父母，已然是完美的。无论他们怎么做，都是应该这么做的。

心灵导师李尔纳在著作《桥连接天堂与人间》中写道：

当我们死后，灵魂会回顾在这一世让我们痛苦的事件，那些我们没有解决的议题，把它们作为我们需要继续学习的功课。然后据此写下我们下一世的人生剧本。这一世挂碍金钱的，下一世去学习让自己富足的课题。这一世太过讨好别人的，下一世去学习如何对自己满意。

对我来说，显然是上一世对"感情"太过执着，所以这一世，我有机会触底反弹。因为一次隆重的失恋，我得以在这门功课上彻底毕业，再无挂碍。

在灵魂提前写好的剧本里，我们自己是主角，而我们的父母，是最重要的配角。因为我们需要面对的大部分功课，是经由他们带来的。

是他们帮助我们遇到现在的问题，也是他们给我们能力去追求解决这些问题的智慧。所以，我们得以有机会去不断地收获、成长，不断地解决一个又一个人生课题。

然后，我们越来越成熟，越来越接近完美。

同样，我们身为父母，也是孩子人生剧本中的一个重要配角。我们的任务，是帮助他们，找到、面对、解决自己在这一世的人生课题。

是我们，也只有我们，才是最适合自己孩子的父母。

是孩子找到我们，而非我们选择他们。

因为我们的"优点"，也因为我们的"缺点"，因为我们有所有的这些特点，我们才能够帮他真正实现这一次生命的目的。

从这个意义上说，我们每个人，都是完美的父母。

也许你会觉得这个说法太过玄幻，那我们换一个。每个孩子来到我们身边，成为我们的子女，那一定是世间最深的缘分。

每个妈妈都希望能给孩子最好的，但是我们能给出的，只有"我们曾经经历过的"最好的。

也就是说，我们只会用自己父母对待我们的方式对待孩子，因为那就是我们从小知道的，唯一的，爱的表达方式。

我们真的在努力，如果做得还不够好，不是因为不想做，而是因为我们身处局限之中，并不真的知道"到底应该怎么做"。

换句话说，我们在努力给出自己从未得到过的，爱的方式。

从小挨打的爸爸，决定不用打骂对待孩子。

从小被表扬控制的妈妈，决定放手让孩子自己成长。

世代相袭的使用权威和奖惩的养育链条，在我们手里得以扭转、更新，减少控制，添加爱，然后再身体力行地传给孩子、孩子的孩子，以及所有的后代。

努力学习新教育理念的父母们，以一己之力，承接住了祖辈在养育方面可能有的负面影响，努力成长，努力改变，努力传承更多的爱和自由。

仅凭这一点，我们就已经足够伟大。

每次工作坊结束前，大家还会在一起谈谈体会。

我会听到很多人用"大恶魔"形容自己。

他们说，本来以为自己已经对孩子挺好的了，没想到有机会体会孩子的感受的时候，觉得自己像个恶魔。

事实上，我们真的是伟大的父母。不用怀疑自己。

我们努力学习，本身就是很好的榜样。虽然不完美，但是能看到不足并且努力成长。这本身，就是完美所需要的能力，是完美的一部分。

为人父母，所以我们有机会透过孩子，看到自己。再经由自己，懂得父母。

"亲子教育"从来不是一件苦差事。是拉着孩子的手，相互温暖。

爱孩子，爱世间的一切。

虽然现在我们看不到彼此，请允许我以这篇后记的形式对你鞠躬行礼，以表达我的尊重、感谢和我的谦卑。

我们都是完美的父母。

加油!

马瑞（树妈）

2015年5月于北京

图书在版编目（CIP）数据

把最好的自己给孩子 / 树妈马瑞著. -- 武汉：长江文艺出版社，2016.7
ISBN 978-7-5354-8837-4

I. ①把… II. ①树… III. ①儿童教育-家庭教育 IV. ①G78
中国版本图书馆CIP数据核字(2016)第094222号

把最好的自己给孩子

树妈马瑞 著

选题产品策划生产机构 | 北京长江新世纪文化传媒有限公司	
选题策划 金丽红 黎 波 安波舜	
责任编辑 肖东雁	装帧设计 一 林
摄 影 贾树森	责任印制 张志杰
封面插图 一 林	媒体运营 张 坚 肖李洁敏
总 发 行 北京长江新世纪文化传媒有限公司	
电 话 010-58678881	传 真 010-58677346
地 址 北京市朝阳区曙光西里甲6号时间国际大厦A座1905室 邮编 100028	

出 版 长江出版传媒 长江文艺出版社	
地 址 湖北省武汉市雄楚大街268号湖北出版文化城B座9-11楼 邮编 430070	
印 刷 北京正合鼎业印刷技术有限公司	
开 本 720毫米×960毫米 1/16	印 张 16.75
版 次 2016年07月第1版	印 次 2016年07月第1次印刷
字 数 172千字	
定 价 39.80元	

盗版必究 (举报电话：010-58678881)
（图书如出现印装质量问题，请与选题产品策划生产机构联系调换）

终因能力有限，始终无法与本书 Chapter11（跟野生动物学育儿）所配图片的摄影师"Julia Fullerton-Batten"取得联系，在此，首先致以歉意，敬请见本书后与我们联系，以便敬奉稿酬。